著者（株式会社市萬）による不動産活用実績

対策前

昭和62年築木造アパート

老朽化と空室増により
建替えを検討

対策後

試算の結果、建替えより利回りの良いリノベーションを実施。
建物名も変更し若い入居者向けにリフレッシュ。入居率100%に。

対策前

昭和51年築木造アパート

建物が老朽化して空室も
増えたが建替えは不安

対策後

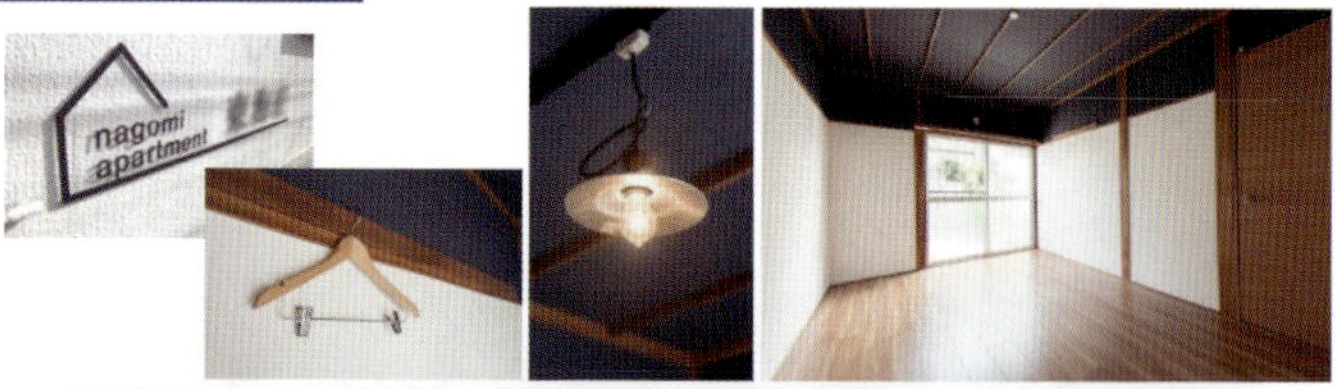

木の温もりを活かしたリフォームで競合アパートと差別化。
月額賃料2.7万円/戸アップ　入居率は83%→97%に。

対策前

都心駅近のテナントビル

入居率60%
キャッシュフロー改善希望

対策後

共用部(エントランスまわり)に投資。
入居率60%→100%にアップを実現。

対策前

昭和49年築RC造
マンション

老朽化等による空室増

対策後

明るいカラーで全体をリフレッシュ。古さを感じさせず、且つ重厚感を残すカラーリングに。共用部整備も同時に実施し入居率は82%→99%に。

対策前

広大な遊休地

このままでは現金化
も分割も難しい

対策後

一部売却により借入無しで宅地開発が実現。曲線の美しさが印象的な
分譲地として資産価値向上。同時に相続時の分割対策となった。

対策前

約5000㎡の敷地の活用

低収益率の作業場、
入居率下落傾向の
アパートが課題

対策後

入口にゲートを設置。敷地内を緑化し、全体の街並みを整備。作業場のあった土地は老健施設に賃貸して収入増。入居率は92%→99%に。

対策前

傾斜地の活用

道路との高低差は6m
売却したいが買い手がいない

対策後

傾斜地を活かして見晴らしの良い戸建を建築。建物を建てることで土地の価格が４倍となり完成後１ヶ月で完売。

●さらに多くの不動産活用事例を当社ホームページにてご覧いただけます。

www.ichiman.co.jp 市萬 で検索！

対策前

郊外の未利用地

活用したいがアパートでは採算が合わない

対策後

土地を４分割し、そのエリアでニーズの高い賃貸戸建を建築。
賃料収入を得られるようになった他、相続時の分割対策になった。

新版 〝お金が貯まる〟不動産活用の秘訣

～不動産活用30年、
管理物件入居率95％超の
実績から生まれた方法～

株式会社市萬 代表取締役
西島昭
土地活用プランナー
須田大佑
税理士
谷口盛二

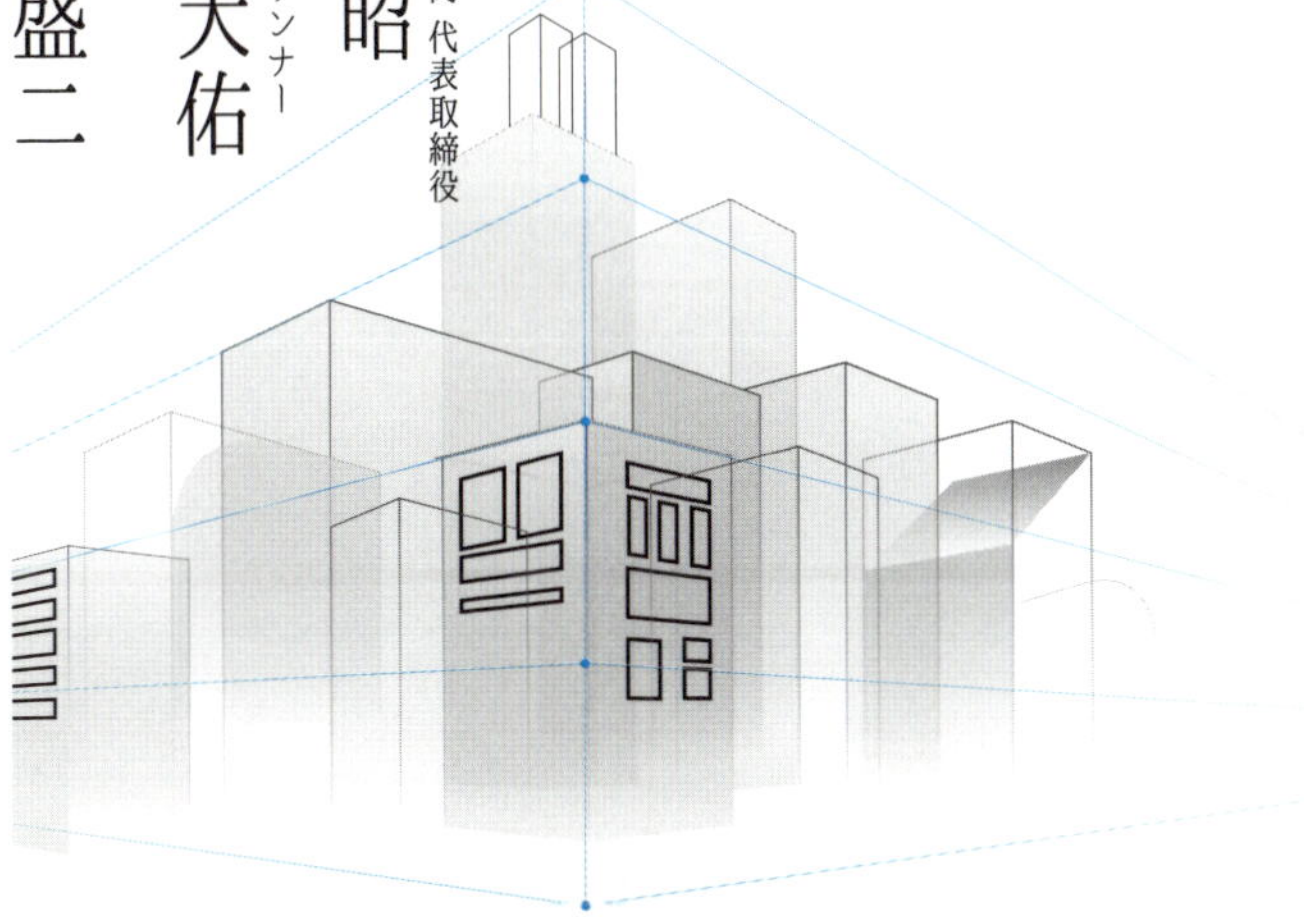

まえがき

本書の初版（改定前）を出版して、早くも5年が経ちました。

お読みいただいた読者の皆様からは、大変多くの反響をいただきました。本書に関するご感想のみならず、お持ちの不動産に関わるご相談も多く寄せられました。

改めて痛感したことは、不動産保有者様は多くのお悩みを抱えていらっしゃるということ、そしてそれを相談できる相手や窓口が少ないということです。


不動産保有者の読者の皆様にお伺い致します。

「不動産をたくさん持っていて良かった」と感じていらっしゃいますか。

それとも「たくさんあるから、税金の負担が大きくて大変」「土地を手放さず、現状維持するだけでも精一杯」と感じていらっしゃるでしょうか。


私はこれまで30年間不動産に関わり、多くの資産家の方を中心に、2千名以上のお客様とお会いしました。そして、所有される不動産の整理や有効活用、空室対策、相続時のコンサルティングを手掛けてきました。

その経験の中から言えることは、この5年間で、「不動産」で困っているお客様がさらに増えているということです。

具体的には・・・

「土地はあるがお金が貯まらない」

「相続対策をしたいが何から手を付けて良いかわからない」

「空室が多く老朽化したアパートをどうしたら良いか」

「賃貸マンション・アパートは持っているので他の活用法はないか」

「息子に賃貸経営を引き継がせたいが嫌がられている」

このように、現状の不動産経営に対して不安を抱かれている方が多くいらっしゃいます。

特に親の代から資産を引き継がれた若いオーナー様は、今の不動産をとりまく状況、そしてこれからの時代の変化に大きな危機感を持っていらっしゃいます。アパートの空室率が上昇している中、オーナー様の意識も変わってきているということでしょう。

また「土地活用」についてのご相談も増えました。土地の活用方法として、従来の建築会社主導のアパート建築ではなく、事業用の店舗など、様々な用途を検討される土地保有者様が増えてきています。

しかし「土地活用はしたいけれど、結局何からやればいいのかわからない」という方がほとんどです。市況や時代が変われば、適した土地活用方法も変わります。その中で成功するには、どのような手順で進めたら良いのか。改訂版では、当社が培ったノウハウを新たに追加しました。

本書で解説している「土地活用」や「キャッシュフロー」の問題を含め、不動産に関わる問題は「売る」「買う」「貸す」等の個々の手法で解決できることばかりではなく、総合的な取り組みが必要です。

当社には空室対策、キャッシュフロー、建物修繕、土地活用等の他分野の専門家が在籍し、税務、法律、建築などの専門家と一緒に問題解決を行っております。

改訂版となる本書では、この不動産に関する問題を解決するための専門的な方法をできる限り分かりやすく、現在お困りの不動産保有者様にお伝えしたく執筆しています。トラブルを防止し、円満解決のお役に立つように、基礎知識や注意点等を成功事例に交えて紹介していきたいと思います。

また、前著の内容を最新の不動産市況にあわせて再編集し、今の不動産状況に役立つ多くの情報を加筆させていただいております。

本書により、皆様が大切な資産を活かして幸せな人生を送れるきっかけを得られることを心から願っております。

西島　昭

目次

1章　不動産活用とお金の切っても切れない関係

2章 不動産の収益力を上げるには

3章　次世代に不動産を安心して引継ぐために

新 章

アパートを建てるだけでうまくいった時代の終わり

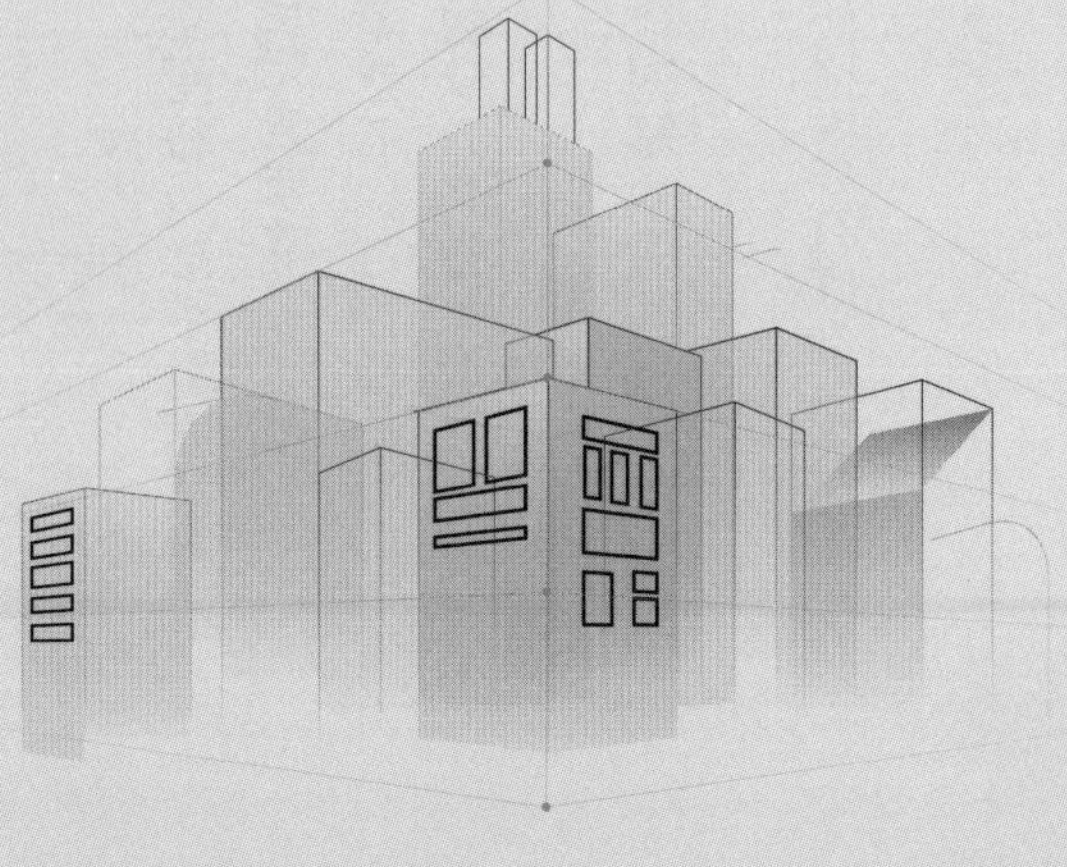

新章では、５年前発行の前作を改定するにあたって、大きく変わった不動産業界の最新市況と、それに合わせた対策についてご説明させていただきます。

せっかく代々受け継いだ土地をお持ちなのに、うまく活用できていなかったり、逆に活用に失敗して「負動産」となり、相続したご家族がお困りになるケースが増えています。

土地活用の代名詞であった「アパート」を建てるだけで相続対策や資産運用がうまくいった時代はすでに終わっています。

これからの土地活用について、真剣にお考えいただくきっかけになれば幸いです。

1 不動産環境の変化

日本が高度経済成長していた時代は、物価や地価、賃料が上昇し、人口も増え続けていました。常に住宅難状態だったので、アパートを建てさえすれば満室になり、賃貸経営が上手くいくという状態が続きました。今から考えると、とても特殊で恵まれていた時代だったともいえます。

状況が変化したのは、平成10年頃からです。少子化による若年層の減少で少しずつ空室が増えていきましたが、アパートの供給は増え続けました。

特に近年、アパートの新築着工戸数が急増した背景の一つには平成27年1月に施行された相続税の改正があると言われています。「相続税対策」として需要の乏しい地域にまで多くのアパートが建築されたのです。

その結果、空室率は上昇の一途をたどり、平成25年度の空室率（全国平均）

上昇する空室率と増加する賃貸住宅

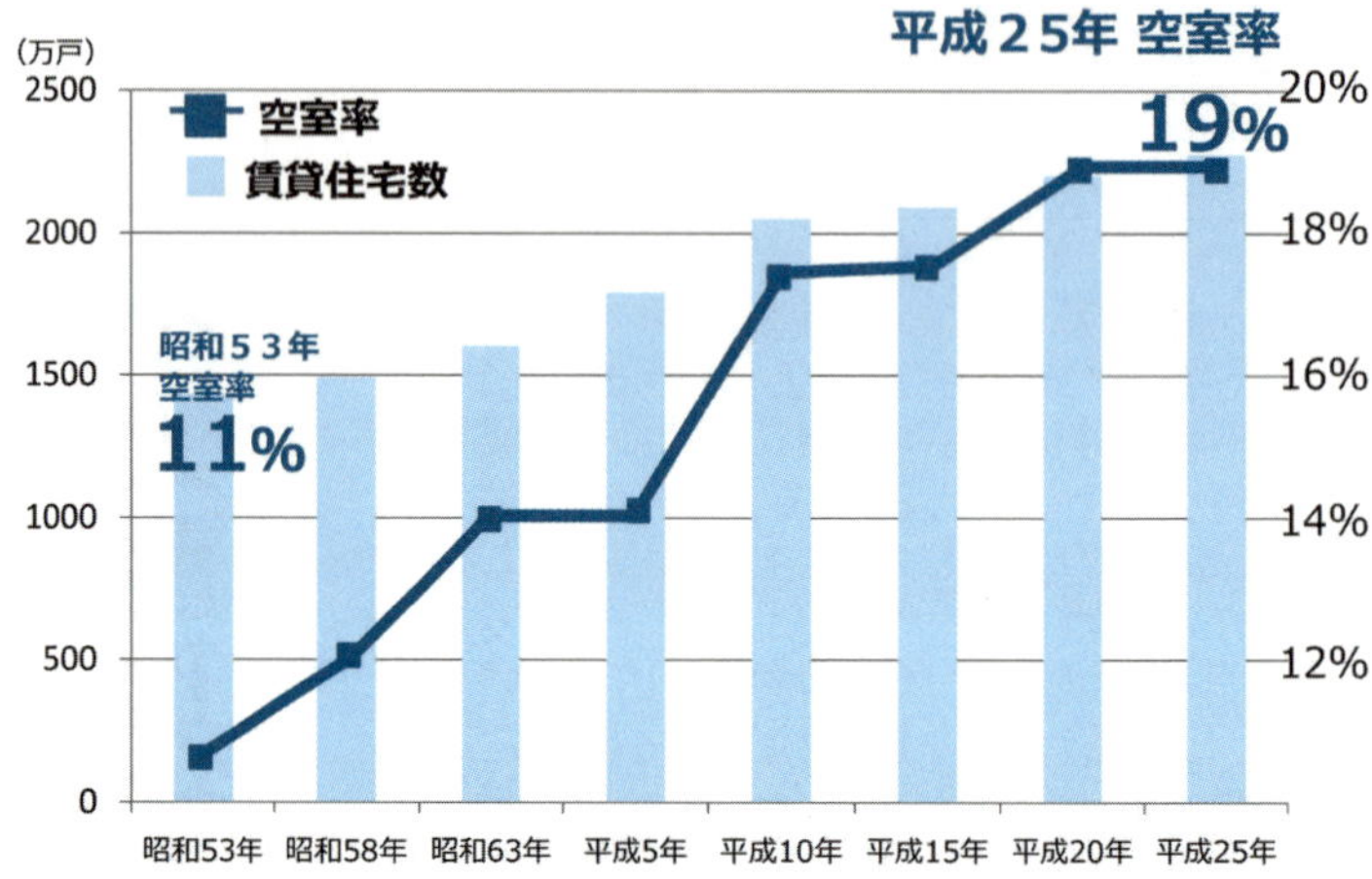

出典：総務省統計データ「住宅土地統計調査」

は20％に迫る勢いとなっています。

空室が増加すると、入居者を獲得するために近隣の相場よりも賃料を下げて募集するオーナーが増え、次第にその地域の賃料相場全体が下落します。

左のグラフは、総務省発表の消費者物価指数と賃料の推移をグラフにしたものです。景気回復の効果か、消費者物価指数は平成25年頃から上昇に転じましたが、賃料相場については右肩下がりの傾向が続いていることがわかります。

そしてもう一つ、注目すべきなのは

下落する家賃

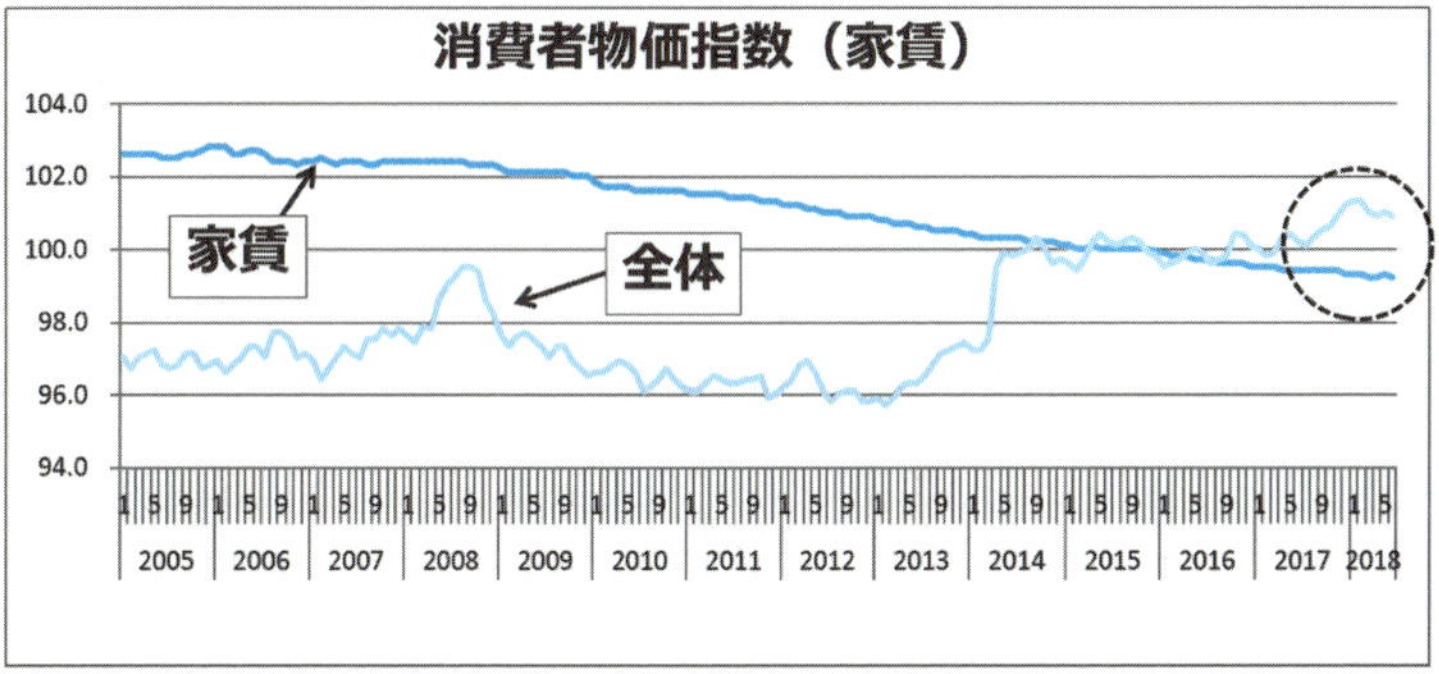

出典：総務省統計局「基準消費者物価指数」

高騰する建築費

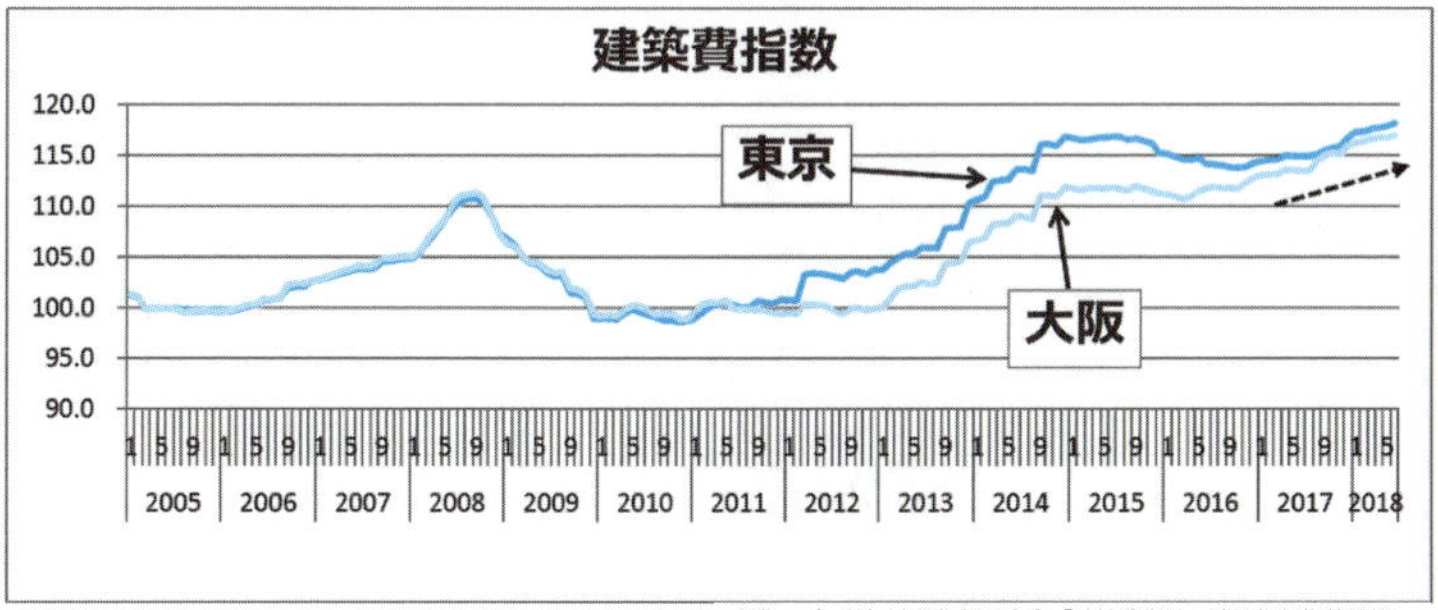

出典：（一社）建設物価調査会「建築費指数、建設物価指数月報」

建築費の高騰です。要因としては東北の震災、東京オリンピック等の建築需要増と職人不足などがあると言われています。

これだけ建築費が上がっている一方で、先述のように空室は増え、賃料は下落しています。加えて、今後もアパートの供給は続くとみられています。**このままでは、賃貸経営は年々難しくなっていく**といえるでしょう。

2 それでも旧態依然とした営業を続ける建築・不動産業界

・新しく建てる場合 ～アパート営業の実態と土地活用～

近年「相続税対策」を売り文句にしたアパート建設の提案が増えています。税法上、土地に建物を建てることで土地の評価額は下がり、建物も建築費より低い固定資産税評価額になりますので、相続税の節税につながります。その点では建築会社の営業トークは「嘘ではない」のですが、その提案が所有者や所有地にとって、必ずしもベストなプランではないケースも多いのです。無理にアパートを建てて、その結果運営に失敗した場合は、最終的に大切な資産を失うことにも繋がりかねないということを、よく認識すべきです。

建築会社はアパートを建てるのが仕事です。そのため、賃貸ニーズが少ない場所や、住居ではなくテナント型の活用が適した場所でも、アパートが建てられる土地でさえあれば営業をかけています。その後オーナーがうまく運営できなくても、建築会社がその責任を問われることはありません。

また、建築会社は、大きなアパートを建てるほど建築費が増え、売上が大きくなります。そのためほとんどの提案書は、その土地に建てられる目一杯の大きさのアパートとなっています。中には1000万円の相続税を節税するために、賃貸ニーズの低いエリアに1億円以上の借入を提案するような、短期で得られるリターンと長期で背負うリスクが不釣り合いな提案も多くあるので注意が必要です。

そのようなアパート営業が横行している影響もあり、土地所有者の中には「土地活用＝アパート会社を比較して選定すること」だと思ってしまっている方もいます。しかし、本来の正しい土地活用の進め方はそんなに単純なものではありません。

活用の目的、例えば相続税や財産分割、資産継承の方針などの「所有者の人的要件」と「駅からの距離やエリアの特性などの立地条件」の２つの要件を総合的に考慮して、自身にとっての最適な規模と活用方法を多角的に検討していかないと、長期的には失敗に終わってしまう可能性も高いといえます。

なお、リスクを回避するための「一括借上げ」「サブリース」についても、最近はニーズを無視したアパート建築の影響もあり、色々と問題が取りざたされています。賃貸経営が難しい環境では、サブリース会社からの賃料の減額や一番サブリースに頼りたいときに打ちきりの提案をされることもあります。

また、賃貸経営が比較的容易な好立地の場合、一般の管理方法でも安定した賃貸経営が成立することも考えられます。管理費を高く支払いすぎているケースもあるので、本当にサブリースが必要なのかどうか、慎重な検討が必要です。

・既に持っている場合 ～アパート管理の実態～

アパートの管理会社にもいろいろなスタンスの会社があります。先代の時から引き続きアパートを管理しているような、昔ながらの管理会社の中には、考え方が古く「最低限の業務だけを行っていればいい」というスタンスで、空室対策が受身になっている会社も少なくありません。そのような会社は、オーナーにとって有益な提案やアドバイスもほとんどしてくれません。

古い考え方の管理会社の例

・空室が増えてきたのは建物が古くなってきたから仕方がない、と改善策を考えずにすぐに賃料を下げようとする。

・他の仲介店舗を活用した幅広い募集を行わず、自社のみで募集を行っている。
・物件の改善工事を提案するが、投資効率を考えず無駄な費用をかけすぎてオーナーの収支を圧迫している。

こういった古い考え方で、客付けの実力やノウハウのない管理会社では、今後の賃貸経営で得られる収益が少なくなり、物件の資産価値も下がってしまう可能性が大きいといえます。

これからの時代に手を組む管理会社は、空室対策に関するノウハウと実績があり、満室経営を実現できる会社でなくてはならないと考えます。

3 時代に合った有効活用とは

・まずは資産の状況把握と問題点の洗い出し

では、成功する土地活用を実現するためには、どうすれば良いのでしょうか。

①資産の状況をきちんと知る

まずは、所有している不動産の置かれている状況や、何が問題になっているのかを把握します。

②問題点の分析、課題の洗い出し

何をすれば所有している不動産から最大限の収益を上げられるのか、不動産所有者の目的を達せられるのか。問題点を分析し、課題を洗い出します。

③解決方法を決める

最終的な解決策、とるべき方法はそのご家族によって様々です。大きな対策がベストなこともありますが、あまり無理をしすぎるとリスクが大きくなる可能性もあります。

相続対策でも同様です。相続においては充分な現状把握と分析をしながらきめ細やかに対応し、最終的にバランスが取れるように調整していくことが、より良い結果につながります。

4 2つの観点から活用法を検討

土地活用の方法も、時代によってかわっています。また、どのような活用が適しているかは、所有者やその家族の状況、価値観、不動産の立地などにより変わります。活用を成功させるためには、人的要件・不動産要件の2つの観点から、時代に合ったより有効な活用法を検討することが重要です。

人的要件（所有者の置かれた状況・目的）

所有者が何を目的として土地活用がしたいのか、洗い出してみましょう。ここでは、代表的な活用目的として、次の3つをご紹介します。

①収益性を向上させたい
↓ほとんど収益を生んでいない不動産（空き地など）を持っている場合、土地活用をすることで、収益性を向上させることができます。

②相続税を節税したい
↓現状で相続税の税率が高く、将来多額の相続税がかかることが予想される方の場合、そこに重点を置いた土地活用の方法を考える必要があります。

③将来の相続争いを避けたい
↓相続人が複数いるのに、引き継ぐ不動産が1つで、うまく分割出来ないというケースがあります。相続により兄弟の共同名義になってしまうと、全員の同意がなければ売却や大規模修繕の決定もできず、トラブルの元になりがちです。あらかじめ分割して分けやすい形にしておくことが、円満な相続で

は重要となります。

不動産要件（立地の特性や将来予測）

土地活用の用途として何が一番ふさわしいのか、立地の特性や将来予測などの側面から判断してみましょう。

まず、重要になるのは次の3つのポイントです。

①交通・・・・駅からの徒歩や交通手段（自転車、バス便、車など）

②用途地域・・・住宅に向いているか、事業用に向いているか。

③道路付け・・・道路幅により、建築できる建物の規模が大きく変わり、事業用の場合交通量により業種に影響がある。

立地によって適した活用の方法というのはそれぞれパターンが出てきますので、その特性を踏まえて、その土地で一番良い活用の方法を、それぞれのメリット・デメリットも踏まえながら考えていく必要があります。

土地活用検討フローチャート（例）

前提条件

①人的要件をチェック

■相続税の節税

□必要（税率20%以上）
□必要とは言えない

■分割の必要性

□必要
□不要

＊均等に相続することを前提として、対象地以外に相続できる不動産や金融資産がない場合は分割できるように活用

②不動産要件をチェック

□住居に適している
□事業に適している

＊駅からの距離・用途地域・道路付けなどの条件から検討

活用方法の検討フロー

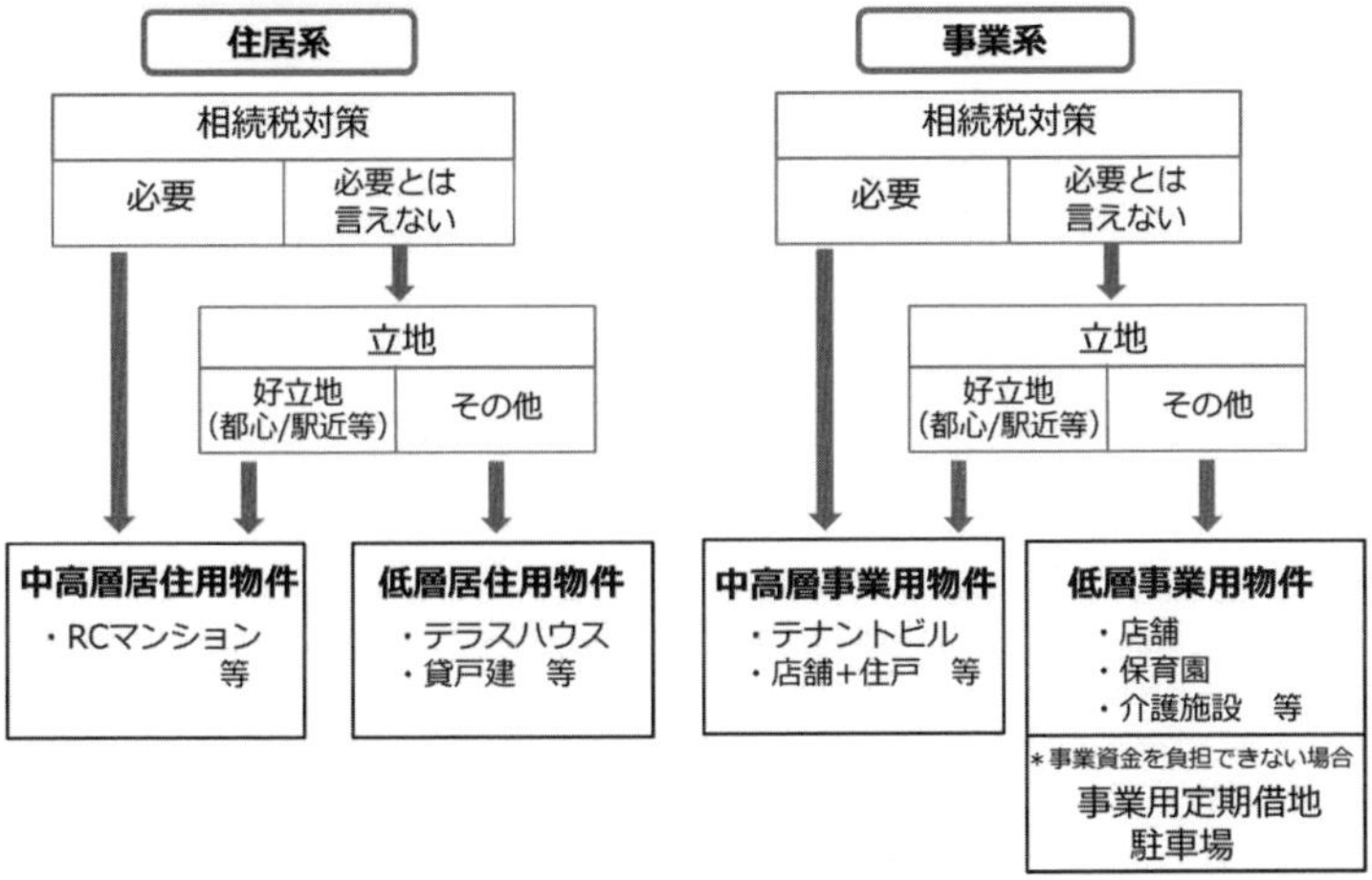

大事なことは人的要件・立地的要件の2つを掛け合わせて考え、**土地活用の方針を総合的に判断する**ことです。

人によっては、アパート以外の活用、例えば駐車場や倉庫などの手がかからない活用の方が良い場合や、立地的に考えれば、事業利用の方がより収益性が高いという場合もあります。あえて「何もしない」ということが最適な場合もありますので、まず整理をすることが大事です。

方針が決まったら、どのような施工会社が適しているのか検討し、建築会社に声掛けしていきます。

順序としてはこれが本来のやり方なのですが、現在はいきなり建築会社の営業マンが来て「この土地にはアパートを建てられますから、相続対策としてアパートを建てましょう！」と提案され、他の選択肢も検討しないままにアパートを建てている人が多い状態なのです。

★コラム

借入をしても相続税が減らない？

お客様と話していると、「借入をすれば相続税が節税できる」とおっしゃる方が多くいらっしゃいますが、事実は異なります。

借りた1億円はマイナス計上ですが、それをそのまま持っていたら現金1億円がそこに残るわけです。つまりプラスマイナスゼロです。

そもそも建築会社の「借金で節税になる」「相続税が大変だから、借入を起こした方がいいですよ！」という説明がわかりにくいのだと思います。

「マイナス計上ができる」ということだけがクローズアップされ、借りたお金も相続税の課税対象になるということが説明されていないのです。

お金をアパート等に換えれば、こと相続税では大幅な評価減が受けられますから、それは確かに節税対策になります。

つまり、アパート建築費を現金で出しても節税対策になるわけです。「借りたお金で建物を建てれば節税になる！」ということが「お金を借りれば節税になる！」ということにすり替わってしまっているのです。

アパートを現金で建てても借り入れて建てても節税効果は同じ

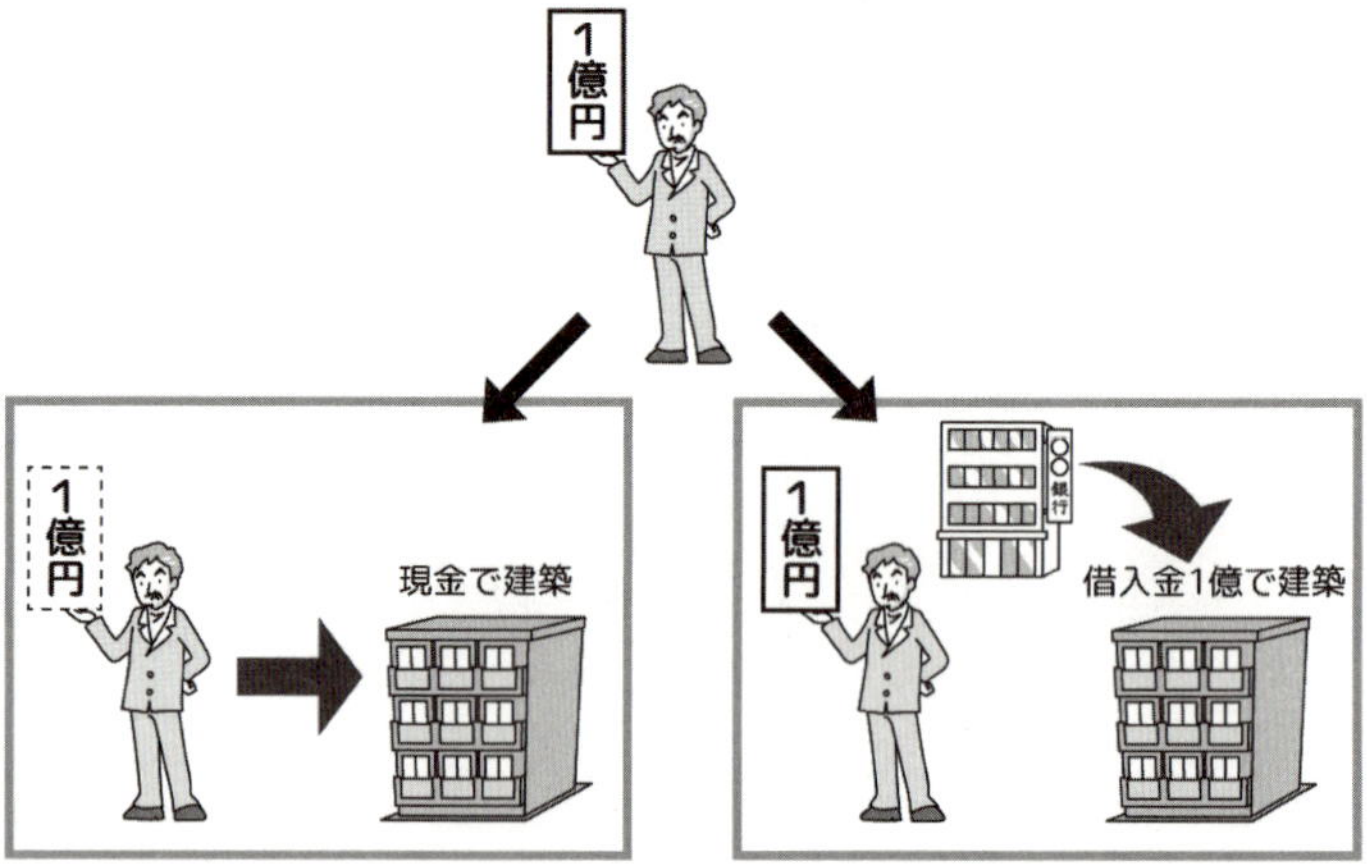

不動産経営のプロフェッショナルたちによる

「プロだから知る！
損をしない
不動産・土地活用の秘訣」
座談会

不動産経営全般
西島 昭 氏

土地活用
須田大佑 氏

税務
谷口盛二 氏

（インタビュアー　編集部）

西島 昭（にしじま あきら）
株式会社市萬 代表取締役。公認不動産コンサルティングマスター、宅地建物取引士、JSHI公認ホームインスペクター。多くの投資家、地主との経験を重ね、不動産有効活用、貸宅地の権利調整、相続対策、資産・事業の継承、賃貸不動産の運営管理、不動産売買の仲介等など、総合的な不動産案件に対応できるコンサルタント。著作に「築20年超えのアパート・マンションを満室にする秘訣」（ごま書房新社）ほか、累計5冊執筆。

須田 大佑（すだ だいすけ）
株式会社市萬コンサルティング事業部所属。土地活用プランナー、宅地建物取引士、二級建築士、賃貸不動産経営管理士。東京大学工学部建築学科修士課程卒。大手財閥系不動産会社で事業用不動産の経営サポート業務を経験後、株式会社市萬に入社。複数の不動産を保有する資産家の担当として、大手企業で学んだ金融、税務、建築、不動産分野の知識と経験を活かして、資産活用やキャッシュフロー改善業務、相続対策業務を行う。

谷口　盛二（たにぐち せいじ）
株式会社市萬 パートナー税理士。税理士、宅地建物取引士試験合格、FP技能検定2級、補佐人研修修了。東洋大学卒。税理士登録後、税理士事務所勤務にて経験を積み、2007年に谷口盛二税理士事務所設立。2013年より株式会社市萬のパートナー税理士となる。特に不動産に関わる資産税を中心とした問題解決を得意としている。著作として『“お金が貯まる”不動産活用の秘訣』（ごま書房新社）ほか。

―――（編集部）前作が発売されてから5年。発売当時は全国の不動産保有者様から、非常に大きな反響があったとうかがっています。どのような声が寄せられたのでしょうか。

西島　特に多かったのが二代目の不動産保有者様からのリアルなご相談です。更地や古い建物の活用、あるいはビル経営を今後どうしたらいいか。建て替えか、修繕＋リフォームでもたせた方がいいのか・・・この本の内容に合わせた具体的な内容が多かったのが印象的です。やはり世代交代が進んでいるのでしょう。

また、ここ1、2年で目立って増えているのは、「土地活用」に関するご相談です。土地の活用方法として、従来のような「ハウスメーカーに提案されてアパートを建てる」というものだけではなく、事業用など、いろんな用途を考えられる方が増えてきています。それだけ市況も変化しているし、不動産保有者様の意識も変わってきているということです。

しかし、事業用となると専門知識が必要になり、契約も複雑になるため、何をどうしていいのか分からないという方がほとんどです。そのようにお悩みの読者の皆様のお問い合わせにお応えする形で、今回は当社で土地活用を専門に行うスタッフ、須田を著者に加え、新版「〝お金が貯まる〟不動産活用の秘訣」を出版することになりました。

須田　土地活用担当の須田大佑です。よろしくお願いします。まず私の自己紹介をさせていただきますと、学生の時は建築学科で建築を学びました。新卒で財閥系不動産会社で事業用不動産の経営サポート業務を経験し、その後市萬に入社しました。現在は、不動産保有者様がより良い条件で不動産の経営ができるように、そのサポートやコンサルティング業務を行っています。本誌では、新章と1章を中心に担当させていただきました。

○増える「アパート以外」への土地活用の相談

――土地活用を希望される方からは、どのような相談が増えていますか？

須田「自分の土地の活用をしたいが、何をしたらいいですか？」というような相談が多いです。例えば相続税対策として、土地に何か建物を建てなくてはいけないというのは分かっていても、従来のアパート経営はもう難しい。しかし、では何を？という話になると、どうしていいかわからない、というようなご相談です。

土地活用については、時代の変化に大きく影響されます。例えば戸建賃貸であったり、近年ニーズが高まっている保育園だったり、健康志向と高齢化を捉えたフィットネスであったり、夜遅くまでやってるミニスーパーであったり。そのような時代のニーズに合わせていくには、やはり何か新たな手法が必要ではないかと考えています。「事前募集方式」という募集方法も、当社の考えた手法の1つです。

――「事前募集方式」とは、どのようなシステムですか？

須田　通常、土地活用というと建物を建ててからテナントを募集していくと思います。しかしそれでは、建てたものの、なかなかテナントが入らず空きのままだったり、想定してた賃料では入らないから安くしなければいけないなど、当初の事業計画通りにいかないケースも多いのです。

そこで発想を変えて、先に入りたいテナントを複数候補の中から選定した上で、そのニーズに合致した建物を建てる方法にすれば、建ててから入らないという事はありませんし空室期間もなく非常に効率的です。

手間はかかりますが、途中解約時の違約金の設定など貸主側の出した条件を了承してくれるテナントを選択することで、その事業計画の安定性は格段に上がりますし、融資も受けやすくなります。

――「事前募集方式」のポイントは、建てる前にテナントを決めるということですね。しかし、どうやって先にテナントを探すのですか？

須田　アナログですが、現地に立看板を置いたり、約14000社のテナント情報を扱うテナント紹介の専門会社さんと業務提携をして、そのネットワークの中でテナントを募集したり、事業用テナントを専門に扱う仲介会社さんのネットワークからも、いいテナントさんを紹介していただけます。

○市萬の強み

——他社をご経験の須田さんから見て、市萬の強みや特徴的な部分はどこでしょうか。

須田　やはり当社の強みは、柔軟性とスピード感だと思います。私が以前所属していたような大きな規模の会社ですと、色々な規定が多く、非効率的であってもルール通りの段取りでやらざるを得ない部分もあります。

　市萬の場合は、個別の対応や決断をくだすまでのスピードがものすごく早い。日々業務で個々の不動産保有者様に直接向き合って問題解決にあたっているので、そういった点ではお役に立てている実感や喜びも大きいです。

　また、市萬は売買、管理、賃貸から土地活用や相続対策というところまで幅広い相談に対応できるという所も強みです。規模の大きい会社ですと、管理専門、売買専門、というように会社が分かれてしまっているので、総合的な不動産相談はしにくいかもしれません。

○土地を守るためには「経営」として考える

——大切な土地を守るために今後の土地活用で大切になってくることは何でしょうか？

須田　土地活用、つまり不動産賃貸業を「経営」として考える事が大切になってきます。今までは、右肩上がりの経済の中で「とりあえずアパートを建てればうまくいく」時代だったと思います。しかしこれからは人口が減っていく中で、さらに新しい建物は供給され続け、建物が余ってくる時代になっていきます。

　当然ながら借主の立場がどんどん強くなってきて、相対的に貸主は「貸してあげている」という立場から「借りて頂いている」という立場になっていくわけです。今まで通りの認識で漫然と賃貸経営をしていると、どんなに良い立地の物件でも、どこかでうまくいかなくなってしまいます。

賃貸経営を1つのビジネスとして捉え、戦略をたて、工夫して運営していかなければ賃貸経営は成り立たなくなるでしょう。

西島　これからで言うと、どのようなパートナーと組むかによって、同じ物件でも大きな差が出てくると思います。外部環境の流れを受け、普通にやっていては賃貸経営も右肩下がり。しかし良いパートナーと組むことができれば、外部環境の影響を最小限におさえ、その中で勝ち残る事ができます。

○これから必要な二代目不動産保有者の心得

――これから土地を引き継ぐ予定の、二代目不動産保有者様は、今40～50代の方が多いと思います。そういう方の心得についておうかがいします。相続の準備は、何から始めたらよいのでしょうか。
須田　不動産の手続きには時間がかかるので、相続が起きてからいきなり準備という訳にはいきません。まだ親が主導権を握っている時から、将来的に不動産をどうするのか、どうしたいのか、親と腹を割って話をしておく必要があります。
言いだしにくい部分もあるでしょうが、第3者をうまく活用するなどして、大切な一族の資産を何代にも渡って維持していくにはどうしたらいいのか。長い流れの中で考えることがポイントです。
谷口　特に親世代はなんとなく感覚的にやられている方も多いと思うのですが、これからはご自身で計算するなり、信頼できる税理士や不動産コンサルティング会社のサポートを受けるなりして、「数字」を元に今後の方針を考えていくという事も、より重要になってくると思います。
――数字を把握するためにはどうすればよいのでしょうか。相続や不動産活用について勉強したいけれど、結局どこに相談したらいいのか分からない、という方がとても多いようです。
須田　ベースとしてご自身で勉強して情報や知識を蓄え

る必要はあると思います。今ですと書籍やインターネットで、ある程度の情報までは一般の方でも簡単に取得することができます。また、勉強すればするほど、本当にお客様の利益を考えている会社とそうでない会社の差も分かってくると思います。

――例えば、市萬さんに相談に来て、「いまこういう問題を抱えています」という話をした場合、相談料などは発生するのでしょうか。

西島　当社の場合は、費用が発生するのは問題を解決した段階ですね。相談だけの場合は、原則として費用は発生しません。

須田　成功報酬というのが当社の基本姿勢です。

――税理士さんの場合はどうですか?

谷口　大体最初の相談は無料です。顧問契約をした後は、基本的には顧問料の中でアドバイスをします。特別にボリュームが大きくなって調査に時間がかかる場合は、有料で相談を受けるケースもあります。

○20年間、建物の管理をしてきて気がついたこと

――市萬さんは建物活用や管理を通して、長い間様々なオーナー様や賃貸経営の状況を見てこられたと思いますが、ご経験から気が付かれたことはありますか?

西島　当社は20年間建物管理業務に携わってきましたが、時代は大きくかわり、不動産会社に任せていれば不動産経営、建物活用がうまく行ったのはもう過去の話です。全国平均で賃貸住宅の2割近いお部屋が空いている現在、オーナー様も意識を変えて積極的に入居者に選ばれるための対策を打つ必要があります。

　しかし、過度に悲観する必要はありません。「作れば埋まる」という時代が続いていた不動産業界が異常だっただけで、ようやく他の商品、例えば車などと同じ様に、「選ばれるものを作って、選ばれ続ける対策を打たないと勝ち残れない」という正常なマーケットに入ってきたのだということです。

○10年後に迫る、賃貸業の危機的状況

須田　データによると、今後も空室が更に増加するという事は、疑いようがない状況です。今までの空室対策では、10年後にはおそらく立ち行かないような状況が来るのではないか、そのような危機感をオーナー様、管理会社共に持っています。

では10年後の不安を想定して何が出来るか。これから建てる方は、そんな状況でもやっていける見通しを立てた計画作りが必要になりますし、既に建物をお持ちの方は、その物件のスペックでどう戦うのか、戦略を考えていく必要があります。

――物件の力があれば決まるというのは事実としてあると思うのですが、オーナー様の努力によってその差は埋められるものでしょうか。

西島　不動産とは文字通り、動かない財産ですから、立地に勝る競争力はありません。そういう意味では、立地がよければあまり工夫が無くても成功するという部分は確かにあると思います。しかしその成功する立地が、どんどん狭まってきています。

ごく一部の好立地にある物件以外は、それ以外の部分、例えば建物自体の価値や管理状況、募集の仕方などが、より問われていくのではないかと思います。

○不安を乗り越えて、一歩を踏み出すには

――市萬さんはオーナー様向けのセミナーをよく開催されていますが、よくある質問にはどのようなものがありますか？

西島　多いのは本当に埋まるのか、本当にこれで決まるのか、本当に収益が得られるのか。こういう疑問から入られる方が多いですね。

私共のセミナーに勉強に来ていただいている時点で、自分で市況の変化をとらえ、考えていこうという意識レベルが高いオーナー様だと思います。ただ問題意識が強く勉強もしているが故に、不安感から最初の一歩を踏み

出せないという方も多いのです。

須田　他には、いくつか物件をお持ちの方で、どこから手を付けたらいいのかわからない、というご質問をされる方も多いです。優先順位が整理できてない方や、どういう選択肢があるのかを知らないから漠然と不安をお持ちの方だと思うんですね。

――やはり皆さん不安をお持ちなのですね。不安を乗り越えて、解決への一歩を踏み出すにはどうしたらいいのでしょうか。

西島　築古・木造・空室だらけなどの厳しい状況にある物件でも、ちゃんと今の時代に合わせたニーズをとらえていけば、新たな道も開けます。

例えば若い人が入らなくても、少し年配の方や外国人の方が選んでくれるとか。入居を促進する方法はまだまだ色々ありますので、諦めないという事が大事です。

須田　どこから手を付けていいのか分からない方は、まず「状況の整理」を行うことです。

不動産活用には、ご所有の土地・建物といったハード面の整理と、ご家族の資産の規模や考え方などのソフト面が複雑にからんでくるので、客観的な視点がないと中々整理が進まないケースが多いのです。

まずはご自身がどうしたいのかをお話しいただき、「その思いを実現するためには、こういう手順、優先順位でやるといいのでは」と我々が中立的な立場で道筋を示して差し上げるという流れですね。

○間違いだらけの賃貸経営

――税理士としてご覧になってきた中で、税務上間違っている、と感じるオーナー様の事例はありますか?

谷口　私が見ている中で税務的に間違っていると感じる事が多いのは、法人化です。あまり意味がない法人化をしている方が多い。

例えば、法人が債務超過状態になっていて、被相続人になる方が会社に多額のお金を貸しているケースでは、結局相続財産が増えてしまっているのです。また、他に良くあるケースでは、赤字法人なのにそこからお給料を沢山とっていたり。本当に法人化して良かったのかな?

と疑問に感じるケースが多々ありますね。

西島　法人化の目的が所得税の「節税」だけになってしまっている。法人に所得を分配することで確かに個人の節税にはなるのですが、トータル的には「キャッシュフロー」の改善には繋がってないケースも多いようです。税理士さんが、目先の税金が安くなるという事で法人化を勧めているというのも背景の一つにあるのではないかと思いますが。

——しかし個人の節税になるなら、その点ではメリットがあるのではないでしょうか？

谷口　個人の節税ってなんでしょう。結局赤字でも給料を取っているということは、法人では課税されないのに関わらず、個人で所得税を払っているので、実際には節税になっていないんですよ。

○オーナー様とキャッシュフロー経営

——正しいオーナー様のキャッシュフロー経営とは、どのようなものでしょうか？

西島　不動産経営では税金の事でお困りの方が多いのですが、単に税金だけの問題ではなく、「最後にいくらお金が残るか」というキャッシュフローの部分にようやく関心が向くようになってきています。

今までの税理士さんは税金の額を伝えれば良かったのですが、本当はオーナーとしてはキャッシュフローの改善策を提案してほしい。そのように税理士に対するニーズも変わってきています。

谷口　大前提として不動産業を事業体として捉えていない方が結構いらっしゃいます。特に地主さんなどは、後から支払う税金や修繕費などを考慮せずに手持ちのお金を使ってしまうので、余計に分からなくなるんです。

会社勤めの方の場合は、お金が足りなくなるとその時点ですぐ対策を考えられますが、地主さんの場合は潤沢に資産があるだけに、気づいたらもう土地を売るしかないというような、大事になってしまっている気がします。

西島　やはり支出と収入のバランスですよね。

谷口　税理士は、基本的にオーナー様とは事後の付き合いになりがちです。申告の際に「今年はこんなことがあっていくら使いました」とあとから報告を受ける事が多くあります。

しかしこれからはぜひ、事後ではなくて、何か計画が出たときにその都度相談していただきたいです。事前にご相談いただければ、具体的な計画の良し悪しはともかく、「これは今年中にやりましょう」「これは来年にしたほうがいい」といった経理処理上のタイミングや、法人の給与や経費といった事について、アドバイスができます。

○相続税対策としての土地活用

——相続税については皆さん関心が高いと思うのですが、相続税対策としてアパートを建てる手法は今でも有効ですか？

谷口　不動産の評価額が下がるので、相続税対策としては有効です。しかし、そこのアパート経営の実績が悪くて節税額を超える赤字が出ている場合、結局どちらが得だったか分からないですよね。

西島　そうですね。せっかく節税しても、その分の節税額が赤字で食いつぶされていって、トータルでみたらそのまま相続税を払った方が良かったケースもみられます。

谷口　時価1億円の土地に1億円の建築をしても、その土地を手放す時に2億円で売れるわけではありません。最終的に売却して残債を返しておわり、ということになったりします。

須田　本末転倒ですよね。苦労した上に土地もなくなってしまって。

谷口　だからアパート建設による相続税対策もいいのですが、その後継いだ人も、事業として成功しなくてはいけない。それを強く意識することが重要だと思いますね。

――そうなると、ますます次世代に不動産をどう受け継がせていくかという事前対策が重要になりますね。

谷口　私は相談を受ける立場なので、困った人しか来ないのかもしれないですが、基本的に「この計画でいいですか？」という質問の仕方が有効だと思います。計画が進んで建物ができてしまってからでは、解決の選択肢が少なくなってしまいます。

――相談に来るタイミングによっては、手付や前金、違約金などが発生してしまうこともあるかと思いますが、それでもやめた方がいいのでしょうか？

須田　最初の何百万かを惜しんで、何千万、何億というリスクを負う必要はないと思います。

谷口　手付を打つ前に相談する機会はあると思うんですが・・・。こんな事を言ったら怒られてしまうかもしれませんが、建設会社さんは建てたいから、そういう話を持ってくる。相談する相手としては不向きです。第三者の意見を聞くのも大事だと思うんです。

例えば、管理会社さんとか。ランニングコストに関してはプロですから、その計画で本当に収益が取れるかどうかを、建設会社よりも実態に基づいた数値で計算してくれるでしょう。それでも成り立つかどうかを調べるのは大事だと思います。

○次世代への継承を見据えた資産整理とは

――先ほども話が出ましたが、次世代に不動産をどう受けついでいくか。税理士さんの立場からするといかがでしょうか。どういう形に整理しておいたらいい形で資産が継承できて、かつ次の世代も幸せになれるでしょうか。

谷口　私は、どう受け継いでいくかということで考えるなら、先祖代々の「土地」を継ぐという事には固執せず、「資産」を受け継ぐと考えた方がいいと思います。

この土地は、子供にとってもあまりよい資産ではないと思えば売却して、他に持っている土地に建物を建てる等の方法で資産を組み替えて引き継いだ方がいいと思います。活用が難しい土地を貰っても、子供も困ってしまいますし、何も使っていない土地でも、所有者がお亡くなりになる度に相続税は立派にかかってきますから。

――そうですね。まずは所有している資産や不動産を棚おろししておいて。

谷口　そう、それは大事だと思います。先祖伝来の土地でも、活用が難しい土地を保全するために相続税を払うという事は、どこかでバランスが崩れてしまう原因です。先祖から受け継いだ「土地」ではなく、先祖から受け継いだ「資産」を受け継ぐと頭を切り替えて頂いた方が、次世代への相続がすんなりいくんじゃないかなと思います。

――最近、負動産という言葉が流行っています。確かに資産を生まない土地でも固定資産税や相続税はかかりますので、持っているだけで色々負担になりますね。

谷口　極端なことを言うと、実際には相続というものは付加価値を生み出さないんです。例えば私のおじいさんが死んでお父さんが相続して、翌日にお父さんが死んだら、おじいさんの時に一回相続税がかかって、その残りがまたお父さんの時にかかって、どんどん減っていくわけです。どこかで利益を生み出さないと、最終的には全部なくなってしまうんですね。

――よく「三代でなくなる」と言われています。

谷口　そうですね。相続税を払って、毎年固定資産税を払って、また残された資産で次の代が相続税を払っていくとなると、そこから何か生み出さない限りはプラスが無い。だから収益やキャッシュフローというのはやはりこれからの相続にとっては考えないといけない要素だと思いますね。

――そうなると、やはり相談できるパートナーが必要、という事ですね。

西島　税理士さん以外では、金融機関の担当者さんでも、私どものような会社でもいいと思うのですが、まずは利害関係がなく、自分の味方になってくれるパートナーに相談する。まずはそこですね。その方がどういう方向に進みたいのか、ということを理解してサポートしてくれるという事が前提だと思います。

——今日は大変勉強になりました。不動産保有者様は、トータルな知識と偏らない広い視点、また将来を見据えた計画、そしてそれをサポートしてくれるパートナーをもって経営することが大切ということですね。ありがとうございました。

〈終〉

第1章

不動産活用と お金の切っても切れない関係

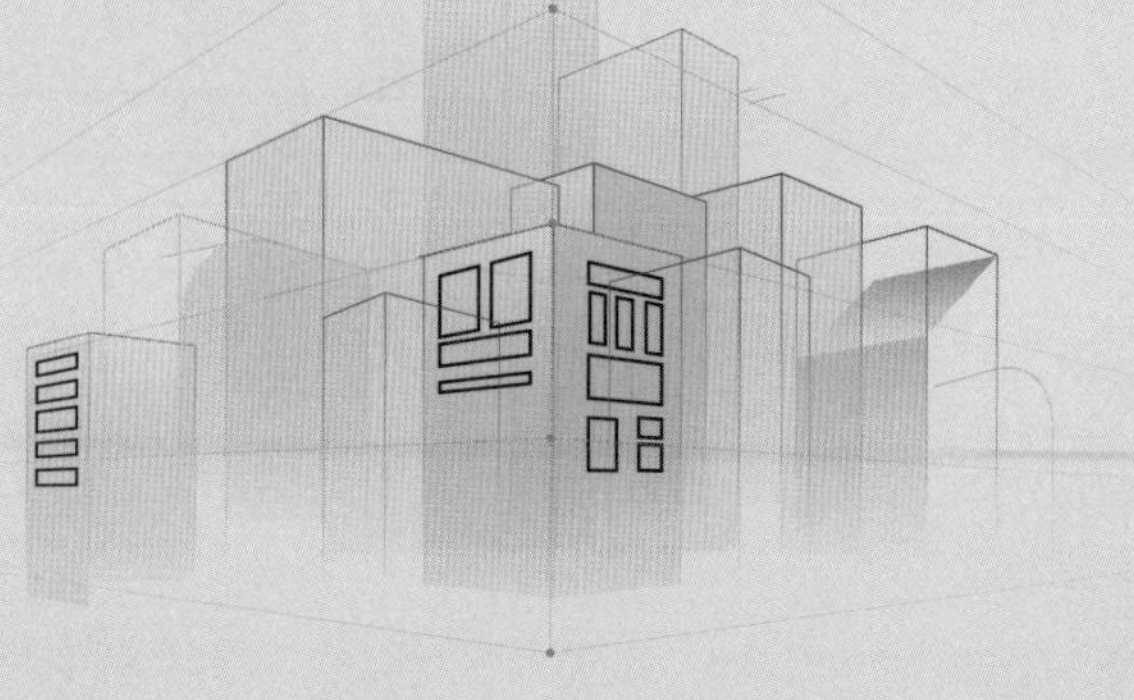

皆様は、「豊かな人生」とはどのようなものを想像しますか？　豊かな人生とは、人それぞれの解釈で異なりますが、本章では「時間にもお金にもある程度余裕があり、自分の周りで争いやトラブルの少ない、精神的にも物理的にも自由がある状況」と定義します。

不動産を活用して豊かな人生を送りたい、という希望を叶えるためには、不動産が生み出すキャッシュフローをプラスのまま維持し続ける必要があります。

本章は、当社で特に不動産活用に精通している、須田からお話しさせていただきます。

1 不動産活用とは？

不動産活用とは、所有する土地や建物を第三者に貸し、賃料を受け取る一連の不動産事業を経営することです。不動産活用には他の業態にはないメリットがたくさんあります。その特性を知り、今後の経営に活かして頂ければと思います。

賃貸経営には魅力がいっぱい

主な不動産活用のメリットとしては、次の3つがあげられます。

①長期間にわたり安定した収益が得られる
②収入の予測が立てやすい
③有利な条件で融資を受けやすい

①長期間にわたり安定した収益が得られる

無理な計画でない限り、賃貸不動産を長期間保有していれば、その間の浮き沈みの波があってもトータルで見ると利益を残すことができる、安定したビジネスモデルです。

計画的にメンテナンスを行うことで、建物から50年～80年という長期に渡って利益を得続け、さらに次世代へも引き継ぐことが可能です。

②収入の予測が立てやすい

入居者がいる限り、毎月一定の賃料を長期的に得ることができます。他の業種、例えば飲食業や小売業のように毎月の売上げが大きく変動するということがなく、安定した収入が見込めます。この賃料収入の安定性は、不動産経営の一番の魅力であるといえるでしょう。

③有利な条件で融資を受けやすい

不動産活用は前述の通り安定的であり、かつ土地建物を担保にできるため、金融機関からみても比較的リスクが少ない融資先です。そのため、他の業態よりも有利な条件（低金利・長期間）で融資を受けやすくなっています。

2 「お金が貯まる」理由はキャッシュフローの良さ

不動産保有者の誰もが、不動産活用を成功させ安定した収益を得たいと考えています。そのためにはキャッシュフローを良く保ち続ける必要があります。実際の不動産活用にあたっては、管理業務がメインとなります。管理業務には大きくわけて次の3つがあります。

①「建物」の管理・・・建物の定期的な修理やメンテナンスなど

②「入居者」の管理・・・空室募集、滞納督促やクレーム処理など
③「お金」の管理・・・収入や支出、投資や借入金に関することなど

賃貸経営の実務部分、つまり「建物」の管理と「入居者」の管理は、管理会社や不動産会社などの関連業者に委託することが可能です。不動産業務は多岐に渡り幅広く、また、時代による変化も大きいため、専門のスタッフと情報を持ったプロにお任せした方が安心です。

しかし、「お金」の管理、つまり経営判断や財務・税務管理はオーナー自身が行う必要があります。

このお金の管理で特に重要になってくるのが、**キャッシュフローと手元に残るお金の把握**です。

本書タイトルにもある"お金が貯まる"不動産活用とは、すなわち不動産活用で生まれる現金の流れ（キャッシュフロー）を良くして、余剰金を貯蓄できる状態にしていくことなのです。

3 キャッシュフローの重要性

・キャッシュフローとは

不動産活用におけるキャッシュフローとは、文字通り「お金の流れ」です。そして、その場合の「お金」とは、賃料収入から各種支払い（経費・金融機関への返済・税金など）を引いた残り、最終的にオーナーの手元に残るお金のことを指します。

不動産活用で一番重要なのは、**いかにこのキャッシュフローをコントロールしていくか**ということです。

キャッシュフローを意識していないと、不動産オーナー、もしくは大家さんと呼ばれ気分こそ良いものの「豊かな人生」とは程遠い人生を送ることになってしまう可能性があります。

・キャッシュフローはストックではなくフロー（流れ）

個人の不動産保有者の中には、金銭面に大らかで、「入ってきたものはその時点で使ってしまう」という方もいらっしゃいます。

手もとに入った現金をすべて使ってしまえば、その収益性は分かりません。そもそも、手もとに入ったお金の全てが使えるというわけではありません。毎月の賃料収入がどのくらいなのか、そして毎月の支出（経費や返済、税金）がどのくらいかかり、最終的に手元に残るお金がいくらくらいになるのかを知り、さらには、将来的にはどのタイミングで何のためにいくら必要になるのか、予測することが大切です。

そうすることで無駄な支出を省いたり、節税対策を検討したり、納税資金を確保しておいたり、という対策を講じることができ、結果的には手もとに残るお金を増やすことにもつながっていくのです。

・キャッシュフローには波がある

「賃料収入があるのに、お金が残らない」

賃貸経営のキャッシュフロー

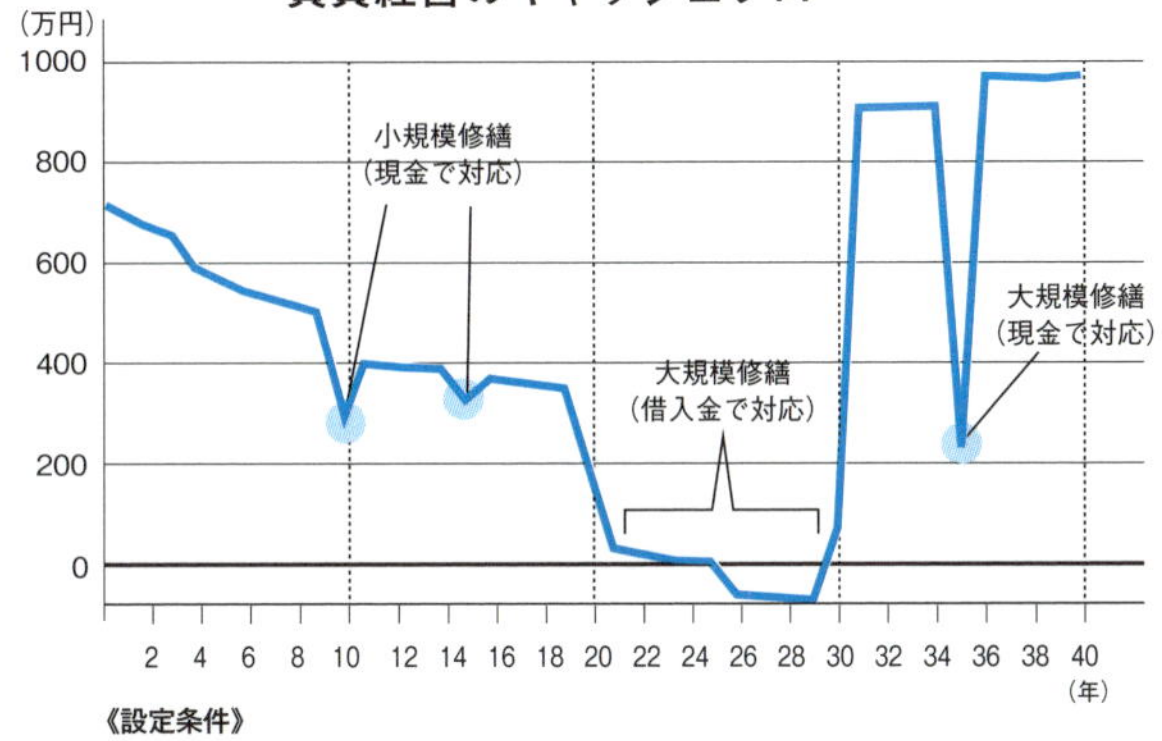

《設定条件》
建　物：鉄筋コンクリート造３階建（1LDK×15戸）
建築費：1.8億円
借入金：1.8億円
賃　料：月額11万円／戸　10年ごとに7%下落
入居率：95%

「だんだん資金繰りが苦しくなってきて、今後の経営が心配だ」

不動産活用では築15年を超えたあたりから、このように感じるオーナーが増えてきます。しかしこれは、単に時期的な問題なのかもしれません。

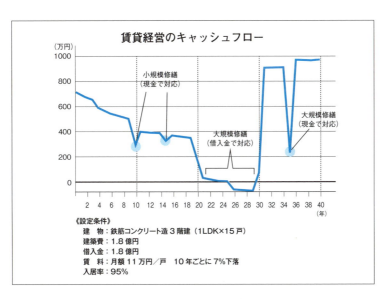

不動産活用のキャッシュフローには、経年によって大きな波があります。築年数が15年～20年を迎える頃、キャッシュフローが急激に悪化し、場合によってはマイナスに転じることがあります。

これは借入をして不動産活用をする以上避けられない問題で、どんなに堅実な経営をしていても、このような時

収益不動産　売却時平均築年数

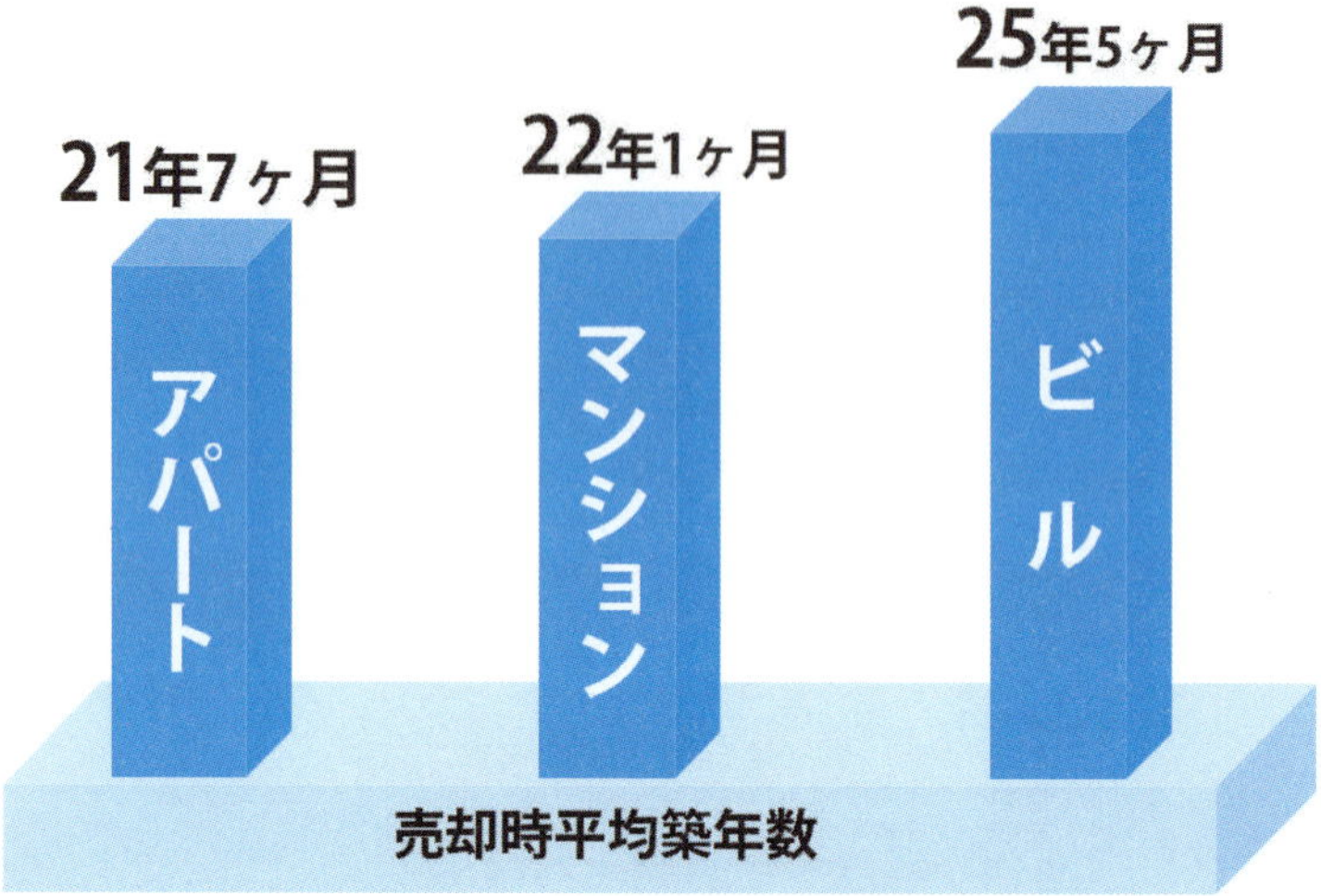

収益物件サイト「健美家」登録物件平均年数（平成24年）より

期がやってくるのです。

しかし前ページのグラフが示すように、30年目、つまり返済完了後からぐんとキャッシュフローが改善します。谷底の苦しい時期を乗り越えれば、また賃料経営の恩恵を受けることが出来るのです。

これを意識せずに不動産活用をすることは最終的にその大切な資産を手放すことにもなりかねません。

収益不動産の売り情報を専門に扱うポータルサイト「健美家」が出しているデータを見ると、アパートなどの売却時期がちょうど築後20年を超える頃となっています。

というのも20年目が修繕費負担の増加、賃料の下落が重なり、ちょうど持ちきれなくなる時期だからではないでしょうか。

預金を切り崩すことができなくなったり、あるいは他に売る土地がない人は、アパートを売るしかなくなってしまうからです。

大半の方が土地を守るために建物を建てているため、「売る」という選択肢を持っている方はほとんどいません。それでもキャッシュフローの問題を原因として、売らざるを得ない方が築20年を超えたころ増えてくることが現実です。

・キャッシュフロー悪化の原因

新築後、キャッシュフローが悪化する主な原因には、次の4つがあります。
①賃料の下落
②修繕費の増加
③所得税の増加

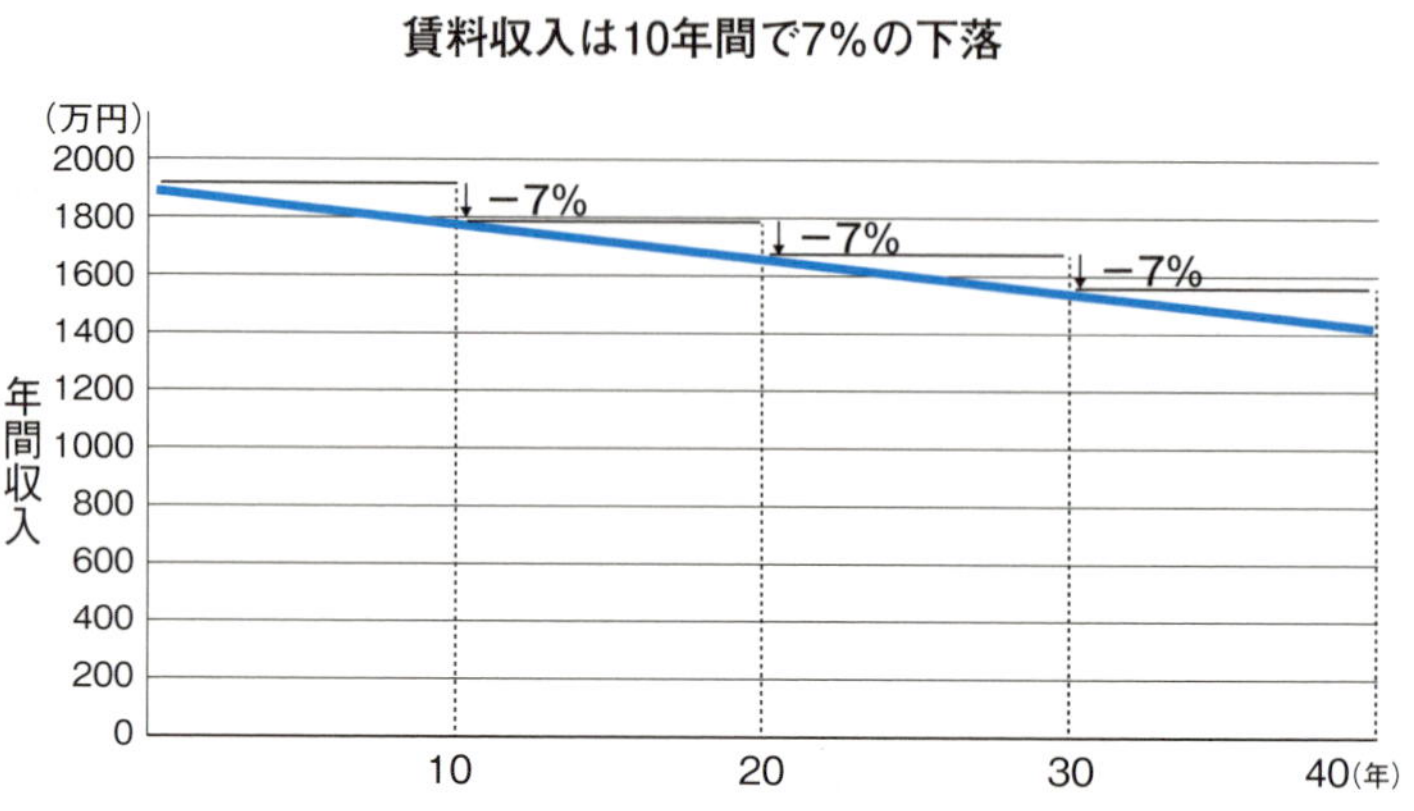

④当初の計画に無理があった

それぞれについて、ご説明します。

①賃料の下落

一般的に、賃料は新築時が一番高く、その後は経年に従って徐々に下落していきます。なお、当社のデータでは10年で平均7％程度賃料が下落するという数字が出ています。

このように賃料が下落することにより、収入が年々減少し、キャッシュフローの悪化につながります。

②修繕費の増加

建物は次第に経年劣化しますので、

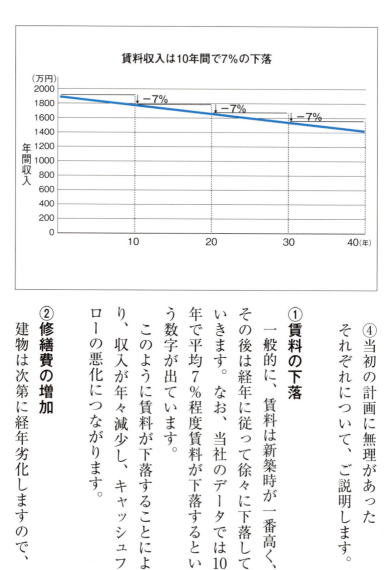

適宜メンテナンスや修繕を行う必要があります。

築15年前後から、外壁補修や室内設備の交換が必要になりはじめ、修繕費用が増加してきます。特に外壁塗装や屋上防水など、足場を掛けるような大規模修繕は高額になりますので、キャッシュフローに大きな影響を及ぼします。

③所得税の増加

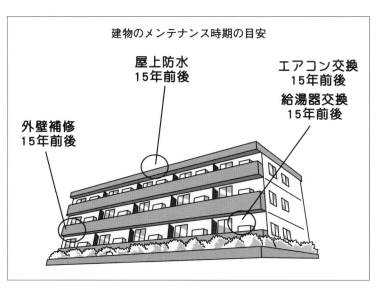

築年数の経過と共に、次第に経費計上ができる初期投資部分の金額が減少してきます。そのため帳簿上の利益が増え、結果として所得税が増加し、キャッシュフローが悪化してしまうの

です。

所得税の増加に大きく影響する経費には、次の2つがあります。

・借入金の金利
・減価償却費

・借入金の金利

「元利均等返済」方式の場合、金融機関からの借入金の返済額は毎月一定ですが、返済が進むに従って返済額に占める利息の割合が減少していきます。

利息の負担は経費計上できますが、元金は経費計上できません。そのため、返済金額が変わらないのに利息の支払いが減少して帳簿上の利益が増加し、所得税が増加します。

金利支払いと元金返済の割合と、支払総額の推移は左のようになります。

返済額に占める利息と元金の変化の割合

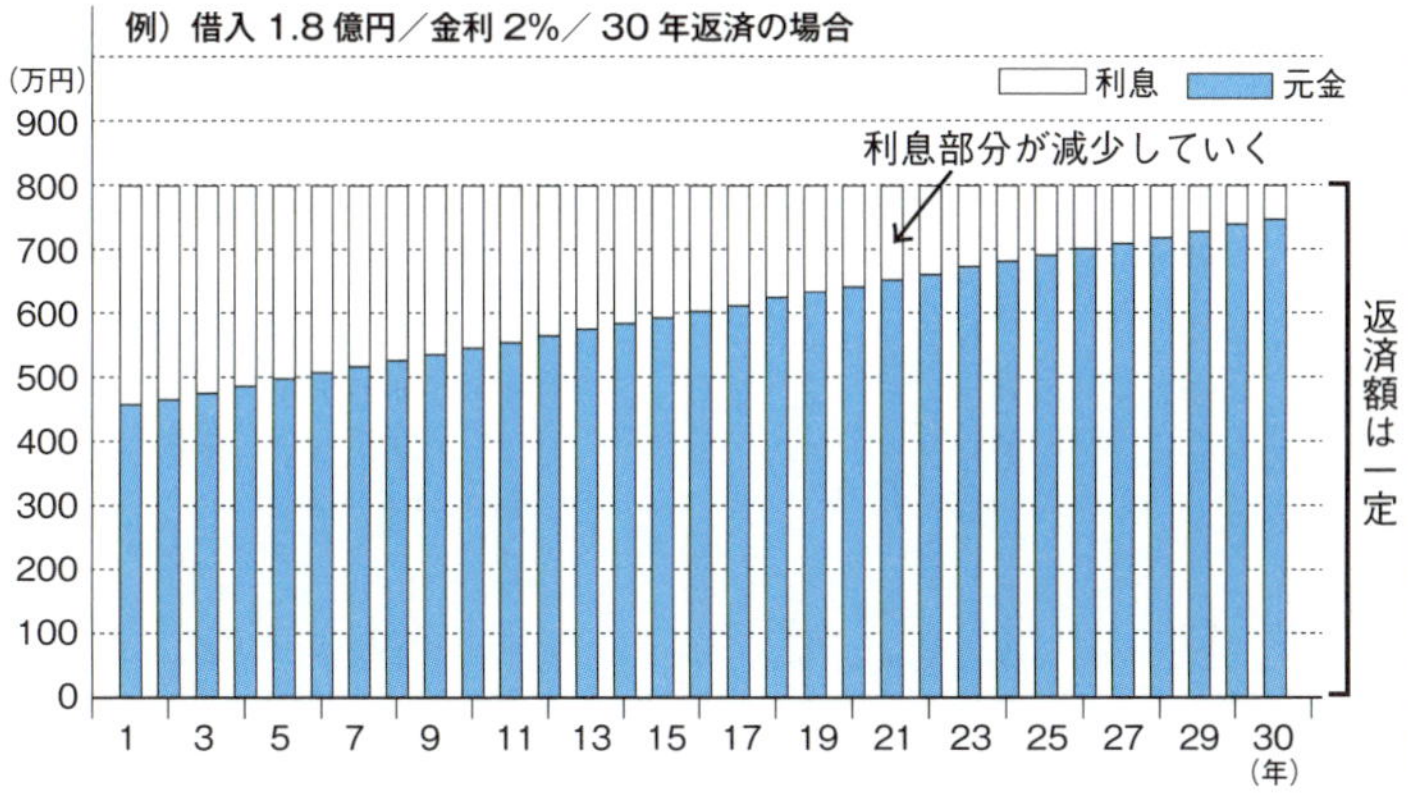

OO様

返済予定表

払込年月日			返済額	内訳		残高
年	月	日		元金	利息	
2018	1	26	7,975,000	4,430,000	3,545,000	175,570,000
2023	1	26	7,975,000	4,893,000	3,082,000	152,049,000
2028	1	26	7,975,000	5,405,000	2,570,000	156,066,000
2033	1	26	7,975,000	5,971,000	2,004,000	97,365,000
2038	1	26	7,975,000	6,596,000	1,379,000	65,660,000
2043	1	26	7,975,000	7,286,000	689,000	30,638,000

OOBANK

・減価償却費

減価償却とは、経年劣化による資産価値の減少を、数年に分けて経費として計上することです。例えば建物の場合、税法では建物の構造別に償却年数（法定耐用年数）が定められています。

鉄筋コンクリート造は47年、重量鉄骨造は34年、木造は22年です。設備の償却年数は種類によって異なりますが、おおよそ5年～15年となっています。

新築当初は経費計上できる減価償却費が大きいのですが、経年により減価償却費は減っていきます。なぜなら、設備分の減価償却は期間が短く、約15年でほぼゼロになるためです。そのため、利益が増え、所得税が増加してキャッシュフローの悪化につながってしまうのです。

ここまでのキャッシュフロー悪化要因（①賃料の下落、②修繕費の増加、③所得税の増加）は、借入をして不動産活用を行う以上、ある程度仕方のないものでした。しかし、「④当初の計画に無理があった」は、知識があれば防げる

経費にできる減価償却費は年々減っていく

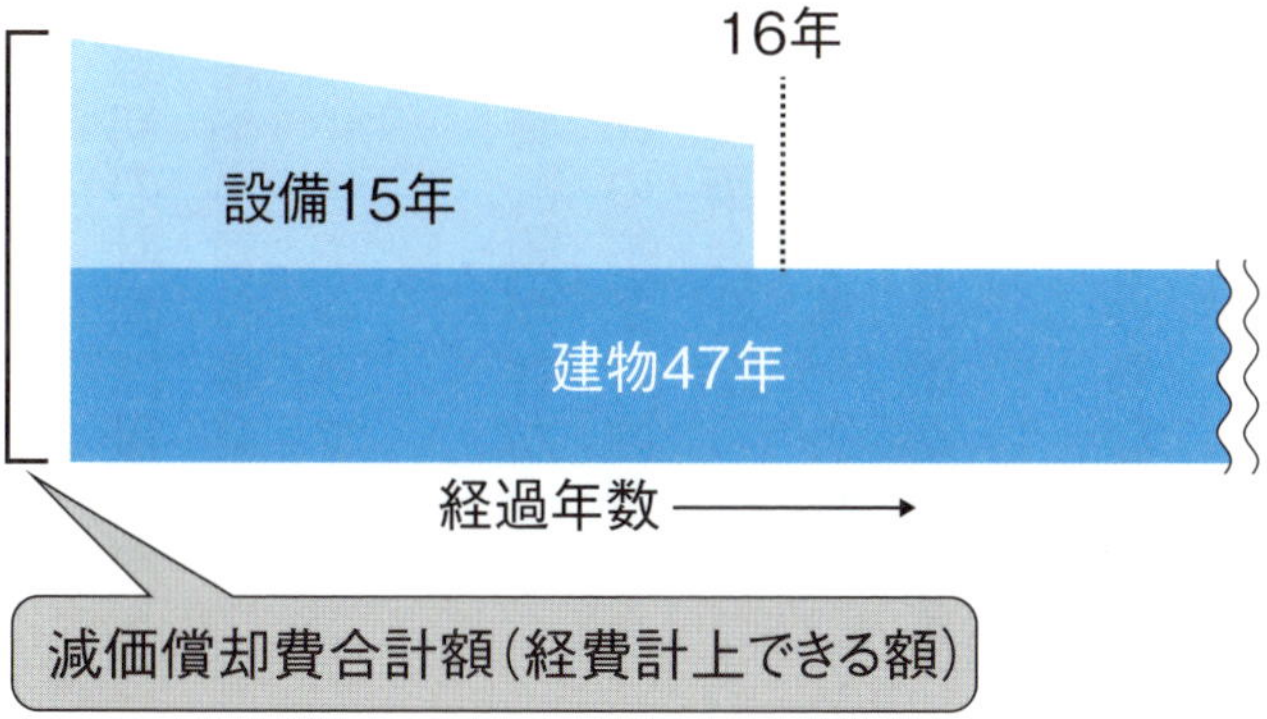

※鉄筋コンクリート造の場合

経費に算入できる減価償却費の比較

新築当初

減価償却費の計算

減価償却資産の名称等	取得年月	取得価額（償却保証額）	償却方法	耐用年数	本年分の償却費合計	本年分の必要経費算入額	未償却残高
建物	10.1	円 70,000,000	旧定額	47	円 1,386,000	円 1,386,000	円 28,614,000
設備	10.1	30,000,000	旧定額	15	1,782,000	1,782,000	13,218,000
計					3,168,000	3,168,000	41,832,000

築15年経過後

減価償却費の計算

減価償却資産の名称等	取得年月	取得価額（償却保証額）	償却方法	耐用年数	本年分の償却費合計	本年分の必要経費算入額	未償却残高
建物	10.1	円 70,000,000	旧定額	47	円 1,386,000	円 1,386,000	円 28,614,000
設備	10.1	30,000,000	旧定額	15	0	0	1
計					1,386,000	1,386,000	28,614,000

悪化要因なので、ぜひ気を付けて頂きたいと思います。

④当初の計画に無理があった

建築当初の事業計画に無理があったために、不動産活用では収益が上げられず、キャッシュフローが悪化しているケースです。

・事業計画が甘かった

当初の事業計画が甘く、想定した収益が得られていない。

例）建築会社から提案され賃貸マンションを建てたが、事業計画書には修繕費や賃料の下落、各種税金などが盛り込まれておらず、実際に運営してみると10年目を過ぎた頃から赤字に転落し始めた。

□見落としがちな事業計画書のポイント

建築会社から出される事業計画書では、修繕費や賃料の下落、各種税金など盛り込まれていないケースが多く、実際に手元に残るお金が正しく把握できません。それらを加味した正しい計算をする必要があります。

□事業計画書・比較例

経費や賃料の変動の見込みが甘いと事業計画書と、実際に即した数字を入れた事業計画書では、どのくらい手元に残るお金に差が出るのでしょうか。修繕費や賃料の下落、各種税金などを盛り込んだ当社作成の事業計画書と比較してみましたので、次ページを参照ください。

・ニーズの読み間違い

エリアにそぐわない賃貸物件を建てたため、経営が悪化している。

例）駅から遠い場所にワンルームマンション、人口減少地域に大型マンションなど、ニーズと合致しない物件を建築してしまったため、空室が多く想定していた収入に届かない。

では、当初の計画に無理があった場合、どのようにリカバリーをすればいい

見落としがちな事業計画書のポイント

家賃収入：賃料の下落、空室率を想定

維持管理費・大規模修繕費を算入

単位（千円）

項目				1年目	2年目	10年目	20年目	30年目	40年目
損益計画	収入	家賃収入		18,810	18,810	18,810	17,493	16,269	15,130
	経費	支払利息		3,939	3,840	2,974	2,097	277	611
		固定資産税		972	972	1,015	623	383	200
		管理費		941	941	941	875	813	756
		維持管理費		941	941	941	875	813	756
		大規模修繕費				3,042	22,804	7,270	32,226
		減価償却費	建物本体	2,789	2,789	2,789	2,789	2,789	2,789
			付属設備	8,571	7,354	2,160	271		
		合計		18,153	16,837	13,862	30,334	12,345	37,338
	申告所得	不動産所得		657	1,973	4,948	−12,841	3,924	−22,208
		青色申告特別控除		−100	−100	−100	0	−100	0
		合計		557	1,873	4,848	−12,841	3,824	−22,208
	税額	所得税等		17	274	971	0	673	0
	税引後利益			640	1,699	3,977	−12,841	3,251	−22,208
資金計画	返済源資	税引後利益		640	1,699	3,977	−12,841	3,251	−22,208
		減価償却費		11,360	10,143	4,949	3,060	2,789	2,789
		合計		12,000	11,842	8,926	−9,781	6,040	−19,419
	新規借入金						22,000	7,000	32,000
	借入金の元金返済額			4,922	5,021	5,888	9,192	9,909	2,921
	余剰金（手元に残るお金）			7,078	6,821	3,038	3,027	3,131	9,660

※大規模修繕費は全額経費として計上しております。

税額を算出し、税金支払後に手元に残るお金を明確に

事業計画書・比較例

○○建築会社作成

（単位：円）

		2年目		15年目		30年目
収入	賃料収入	18,810,000		18,810,000		18,810,000
支出	管理費	941,000	～	941,000	～	941,000
	維持管理費	941,000		941,000		941,000
	返済	3,840,000		3,840,000		3,840,000
	収支	13,088,000		13,088,000		13,088,000

・賃料が30年間同じ設定になっている　・税引前の収支では本当の手取額がわからない

当社作成

（単位：円）

		2年目		15年目		30年目
収入	賃料収入	18,810,000		17,493,000		16,269,000
経費	管理費	941,000	～	875,000	～	813,000
	維持管理費	941,000		875,000		813,000
	大規模修繕費	0		790,000		7,270,000
	返済（支払利息）	3,840,000		2,358,000		277,000
	申告所得	1,873,000		7,839,000		3,824,000
	所得税等	274,000		1,932,000		673,000
	手元に残るお金	6,821,000		3,296,000		3,131,000

・賃料が築年数とともに減額　・大規模修繕費用を算入　・税引後の手元に残るお金まで算出
※支出の項目は抜粋のため、合計金額と合いません。

のでしょうか。

・空室対策

まず最初に試みるべきなのは、適切な空室対策です。賃貸経営は、毎月の賃料収入があってこそ成り立つ事業です。空室対策で重要なのは、建物（共用部・専用部）のポイントを絞った整備を行い物件の魅力を高めることと、幅広い募集を行うことです。

・借入金の期間延長

返済期間を延ばし毎月の返済額を少なくすることで、キャッシュフローに余裕が生まれます。

・売却など

経営努力を行っても改善が見込めない場合、例えば「ニーズそのものがなく、今後も入居率の改善が望めない」というケースや、「満室となり、金融機関の返済期間延長が認められた場合でも収支がマイナス」というようなケースは、先延ばしをしても負担が大きくなるばかりです。売却など、次のステップも視野に入れた行動を起こしましょう。

4 キャッシュフローと豊かな人生

本章の初めに「豊かな人生」の定義をお話ししましたが、キャッシュフローを把握しておくことはお金のためだけでなく、時間の余裕にもつながります。お金の流れがわかっていれば、それを効率的に使うことができるのです。

キャッシュフローを把握していないため、自身で使えるお金がどのくらいあるかわからないというお悩みをお持ちの方がいらっしゃいます。とにかく「余分なお金は出さない！」と、節約のあまり必要な修繕を行わない等の結果、かえって収益が落ちるという悪循環に陥ってしまうこともあります。

キャッシュフローを把握することで、賃料アップのための適正な支出を判断することができるようになります。その結果、収益が上がれば心にゆとりが生まれます。また適正な支出の中には、より効率的な専門家への外注費なども含まれてくることがありますが、それにより、時間の余裕も生まれてきます。

一般的に大家さんといえば、建物を貸すだけでお金が入り、会社勤めの人たちと比べて「時間はたっぷりあるだろう」という印象がありますが、必ずしもそうではありません。会社員であれば9時から17時までのように労働時間がある程度限られますが、自営業では時間や労働量にキリがなく、だからこそやろうと思えばいくらでも仕事ができてしまうのです。

不動産を所有されている方の中には、ご両親から「私たちができたのだから、アパート経営は自分でできるはず」と言われて、ご自身で物件管理をされていることが少なくありません。

その結果、水漏れなど何かトラブルがある度に、自ら動いて解決しなければならず、たくさんのマンションやアパートを持っていることがあだとなり、忙しくて旅行にも行けず、常に携帯電話を手離せない状況の方もいらっしゃいます。

そうかと思えば、工事会社や不動産会社に対しては「お金を払っているんだから私の言う通りにやりなさい！」と上から目線になってしまっている方もいらっしゃいます。

不動産管理に忙殺される中で、自分の手足となって動いてくれる人が周囲におらず、最終的に自分でやるしかない・・・という悪循環に追い込まれてしまうのです。

このように、一見、人が羨むほどたくさんの不動産を保有していても、時間の余裕がなく豊かな人生を送ることができていない方も多いのが現状です。

ここまでキャッシュフローの重要性についてお話をしてきましたが、「私にとってお金を儲けることは最終的なゴールではない」と思われる方もいらっしゃると思います。

もちろん、その考え方も大切です。しかし、キャッシュフローを把握し資産価値を向上させることは大変有益です。そうすることにより、あなたの先の世代にも資産を引き継いでもらうことができるのです。お金＝幸せではありませんが、不動産からしっかりと収益を生み出すことで、豊かな人生で幸せになることが出来ます。

特に声を大きくしてお伝えしたいのは、「優良資産を保持するためには、『キャッシュフローを少しでも良くしていこう』と努力し続ける改善意識こそが、本当に豊かになれるかどうかのカギになっているのではないか」と言うことです。

毎年のように改正される税制、刻々と変化する市況、建物の経年劣化など、いたるところにキャッシュフロー悪化の可能性が潜んでいます。「状況は変化する」ということを意識しなければいけません。

★コラム

アパート・マンションの入居率を確認してみましょう

現在、アパートやマンション、テナントビルをお持ちの不動産保有者の方は、まず賃貸経営上の重要な指数「入居率」を計算してみましょう。

賃貸経営の良し悪しの判断として重要なのが「入居率」です。この入居率は青色申告決算書を使って計算することができます。

青色申告決算書の「不動産収入の内訳」をご確認ください。その中で、使用するのは「賃貸契約期間」の数値です。

各部屋ごとに入居があった月数を出し、その合計を部屋数×12ヶ月で割った数が1年間の入居率となります（計算例参照）。

入居率を上げるポイントの1つは、できるだけ早く空室を埋めること。当社では空室期間が2ヶ月を超えないことを目標に掲げ、リフォームや募集方法を工夫しております。もう1つは入居者にできるだけ長く住んでいただくことも大切です。

●入居率確認表

（このような表を使用して入居率を確認することもできます）

○	入居月
空	空室月

		平成25年											
No.		1月	2	3	4	5	6	7	8	9	10	11	12
1	101号室	○	○	○	○	○	○	○	○	○	○	○	○
2	102号室	○	○	○	○	○	○	○	○	○	○	○	○
3	103号室	○	○	○	○	○	○	○	○	○	○	○	○
4	104号室	○	○	○	○	○	○	空	空	○	○	○	○
5	105号室	○	○	○	○	○	○	○	○	○	○	○	○
6	106号室	○	○	○	○	○	○	○	○	○	○	○	○
7	107号室	○	○	○	○	○	○	○	○	○	○	○	○
8	108号室	○	○	○	○	○	○	○	○	○	○	○	○
9	109号室	○	○	○	○	○	○	○	○	○	○	○	○
10	110号室	○	空	空	空	○	○	○	○	○	○	○	○
11	201号室	○	○	○	○	○	○	○	○	○	○	○	○
12	202号室	○	○	○	○	○	○	○	○	○	○	○	○
13	203号室	○	○	○	○	○	○	○	○	○	○	○	○
14	204号室	○	○	○	○	○	○	○	○	○	○	○	○
15	205号室	○	○	○	○	○	○	○	○	○	○	○	○
16	206号室	○	○	○	○	○	○	○	○	○	○	○	○
17	207号室	○	○	○	○	○	○	○	○	○	○	○	○
18	208号室	○	○	○	○	○	○	○	○	○	○	○	○
19	209号室	空	○	○	○	○	○	○	○	○	○	○	○
20	210号室	○	○	○	○	○	○	○	○	○	○	○	○
21	301号室	○	○	○	○	○	○	○	○	○	○	○	○
22	302号室	○	○	○	空	空	空	空	空	空	空	空	空
23	303号室	○	○	○	○	○	○	○	○	○	○	○	○
24	304号室	○	○	○	○	○	○	○	○	○	○	○	○
25	305号室	空	空	空	○	○	○	○	○	○	○	○	○
26	306号室	○	○	○	○	○	○	○	○	○	○	○	○
27	307号室	○	○	○	○	○	○	○	○	○	○	○	○
28	308号室	○	○	○	○	○	○	○	○	○	○	○	○
29	309号室	○	○	○	○	○	○	○	○	○	○	○	○
30	310号室	○	○	○	○	○	○	○	○	○	○	○	○
	入居率	総月数　360　空室月数　18 入居率　(360−18)/360　＝　**95.00%**											

5 持っているだけではマイナス

・土地の保有コスト

不動産価格が上がっていた時代においては、土地は持っているだけでもプラスの資産でした。しかし、今は右肩上がりの時代ではありません。都心の好立地でない限り、土地の値上がりはさほど期待できなくなりました。固定資産税も年々高くなり相続税も高税率となっています。その結果、今はただ土地を所有しているだけでは、マイナスになってしまう時代となりました。

例えば500坪4億円程度の土地を持っていたら、どれくらいのコストがか

土地所有時に発生するコスト

かるものでしょうか？

まず実勢価格4億円の土地、評価額でおおよそ2億8000万円の土地があると想定します。すると固定資産税（1・4％）が約392万円、都市計画税（0・3％）が約84万円、なおかつ相続税が20年位に一度程度発生してきます。

夏に雑草を刈るためのコストも必要になってきます。ご自身で刈ることもできますが、外注先に頼んだ場合は500坪であれば年間10万円程度かかるのではないでしょうか。これらは全て不動産を所有しているだけで払わなければいけないコストです。

結局のところ4億円の土地を国から借りて、賃料を払っているようなものです。このように何も収益を上げない500坪の土地を保有しているだけでは良い資産とは言えません。

それならば毎年300万円収益を上げる50坪の土地の方が良い資産といえるでしょう。当然のことですがコスト以上に収入がなければ賃貸経営は成り立ちません。

・意外にかかる建物修繕コスト

建物も土地と同じ資産ですが、大きな違いは定期的に修繕費用や点検費用が必要になってくることです。

建築会社は新築時には、修繕費用や点検費用の説明をほとんどしないことが多いのですが、侮れないのがこれらの費用なのです。実際、どのくらいの費用が必要になるのでしょうか。

当社では、これまでの経験値に基づき、賃貸アパート・マンション（シングルタイプ）の場合で、月額5000円を1部屋あたりの建物修繕費のコストとして試算しています。10戸のアパートでは1ヶ月5万円、1年で60万円、10年で600万円、20年では1200万円にもなります。

このように持っているだけでコストがかかりますから、それを上回る収入を得て、初めて収益が生まれてくることを理解しておく必要があります。

分譲マンションでは、修繕積立金という項目で強制的に積み立てを行いますが、個人所有の賃貸マンション・アパートの場合、実際このような積み立てをし、一定の周期で修繕している方は少ないのではないでしょうか。

そして、いざ修繕しようと思ったときにお金が足りないことにはじめて気付かれることが多いのです。

そのためなかなか手がつけられず、美観にも問題が発生し、その影響で空室が決まらないという悪循環に陥ってしまいます。

建物を長く活用させていくためには、定期的に様々な箇所に手を加える必要があります。これを怠れば急激に建物の劣化が進み資産価値も落ちます。

入居者も、壊れた建物には住まないでしょうし、一度でも悪くなり始めると修繕費はさらに大幅に増えてしまう可能性も高く、取り返しのつかないことになりかねません。

税金と同じように避けては通れないコスト、それが修繕費です。この修繕費ですが、融資を受けようと思っても、現在の日本の金融機関の融資の考え方は法定耐用年数（木造22年、鉄骨34年、ＲＣ造47年）を基本にしています。

つまり鉄骨造や木造のように耐用年数が短い場合、建物に大規模修繕が必要になる頃には「追加融資が受けられない」という事態を招きかねません。

とはいえ、まずは現在取引している金融機関に相談することが一番です。特に信用金庫など地域密着型の金融機関の場合、日ごろからコミュニケーションを取っていれば親身に相談にのってくれるでしょう。

なお、以前は建物の耐用年数が融資期間の上限になることが多かったのですが、最近はオーナーの属性や資産内容、キャッシュフローの状況によっては柔軟な対応をしてくれる金融機関も増えてきています。

・税金も上昇傾向

所得税

国際競争力を考えた背景がある中で法人税が減税に向かっている一方、個人所得税については増税の動きが出てきています。

平成25年から復興税が所得税に上乗せして徴収されるようになり、税金が2・1％増加しています。また、所得税は平成27年から所得にして4000万円超の層では、最高税率が40％から45％に上昇しました。

以前は減税の方向に動いていたのですが、ここにきて上昇傾向になってきています。この理由は日本の借金が年々増えているためです。

社会保険の問題などもあり税収を増やさないと、今後、国自体が危ういとの憶測もあります。今の税収だと借金を返しきれないため、増税でそれをできるだけまかなおうとしているわけです。

固定資産税

「地価が下がったのになぜか固定資産税は下がりません」

そんな相談や質問を受けることがよくあります。なぜこのようなことが起こるのでしょうか。これは固定資産税の課税の仕組みから来ています。

以前、固定資産税評価額は公示地価の20〜30％程度とされていました。しかしバブル景気による地価高騰後、固定資産税評価額だけが低すぎるということで、平成6年度評価替えから公示地価の70％水準に引き上げられました。

ただし、いきなりの引き上げでは大増税となり影響が大きすぎます。そのため、毎年徐々に課税標準額を引き上げて税負担を増やしていく方法がとられました。

これを「負担調整措置」といいます。本来の水準まで段階的に引き上げていく、という措置です。

これが続いていることが、地価が下がっても税額は下がらないからくりとなっています。

現在の制度では、前年度の課税標準額に当該年度の本来の課税標準額の5％

をプラスして税額が計算されています。地価の上昇時はもちろんですが、地価が下がっても税額は上がることさえあり得るのです。

不動産をお持ちの方にとって固定資産税は必ず発生する支出です。賃貸経営のキャッシュフロー上、建物の修繕費や所得税に目がいきがちですが、固定資産税も大きな支出の一つとしてとらえていく必要があります。

相続税

相続税は基本的に3回払うと財産が無くなるというくらい税率が高いものです。これも平成6年度改正まで下降傾向だったのですが、平成27年より増税されています。

現在、基礎控除は「3000万円＋600万円×法定相続人の数」となっています。

日本の標準世帯である「配偶者と子供2人」という家族では、相続財産8000万円の場合、以前は0円だった相続税が、改正後175万円が課税されることになりました。

現在、相続税がかかる人は全国で約8％と財務省は試算しています。しかも、地価の高い東京、横浜では現在でも相続税の課税対象者が約10％あるとされており、財産がマイホームと預貯金のみという世帯でも充分相続税の課税対象となると考えられます。

☆税理士のワンポイント

不動産評価額と実勢価格の差に注意

土地の実勢価格、いわゆる市場で取引される価格より相続税評価額の方が高くなるということがあります。

国税庁は財産評価基本通達に、相続時には土地の場合は路線価、建物の場合は固定資産税評価額を使用して評価額を算出することを定めています。

実際の価値は低いのに、相続税課税価格が高いという矛盾のある土地は、相続時に大きな負担が発生してしまうことがあります。

評価額5000万円、実勢価格3000万円の土地を保有している場合、相続が発生した際に、土地のままであれば相続税課税価格は5000万円となりますが、事前に売却して現金に換えておくと、課税価格は3000万円となり、税率40％の方であれば差額の2000万円×40％で、約800万円負担が少なくなることになります。（譲渡税等を考慮しないものとして計算）

「評価額がそんなに高いはずはない」という不動産保有者の方も多いのですが、特に郊外では実勢価格とはかけ離れた評価になることが見うけられます。

あらかじめ路線価図（※http://www.rosenka.nta.go.jp/）でご所有不動産に接する道路の路線価を確認することをお勧めします。

また、土地は道路付が悪い、地盤が非常に悪い、土壌汚染がある、といった場合に、実勢価格が激安になることがあります。

そういった実勢価格が低い場合でも、税金の評価がリンクしていない時があります。制度上は、不整形地や崖地等を減額補正する仕組みがありますが、事情をすべて反映することは難しいからです。

税負担減を第一と考える場合の対策方法としては、売却するしかないと思います。相続税は相続発生時の評価額に対して何％と計算されますので、相続前に現金化して評価額を下げる方が良いでしょう。

ここでお伝えしたいことは、資産の中には、「相続時にマイナスを生む資産」もあるということです。

そして、それを回避するためには、相続が発生してから対策を考えても遅すぎるということです。

慌てて動いてもすぐに売れなかったり、境界の確定で揉めるなどして間に合わない場合があります。そのためにも、事前の対策が必要となります。

6 金融機関との上手な付き合い方

・融資は長い期間に

お金は借りたら返していかなければなりません。

重要なのは「返済の期間」です。この返済期間はキャッシュフローに大きな影響があります。

近年は以前と比べて、建物を長く使う時代になってきました。建物を建てては壊すことを繰り返していた時代は、壊すまでに借金を返しきるということで、返済期間が短めの設定になっていました。右肩上がりの時代背景で成り立っていた返済の仕方です。

しかし建物を長く活用することが前提であれば、その建物が稼ぎ続ける限り返済期間は長くても問題ありません。

金利は気にしても、返済期間はあまり気にしない方が多いのですが、例えば3000万円を金利2％、返済期間10年で借りた場合、年間返済額約331万円、金利2％、返済期間25年の場合の年間返済額は約152万円となります。

このように期間による返済額の違いは明らかです。実は、**キャッシュフローに最も影響を与えるのは返済期間**なのです。

「満室でも賃貸経営が厳しい」というケースの場合、まずは金融機関の担当者

返済期間による返済額の比較

借入3000万円のケース

返済期間	金利	毎月の返済額
10年	2%	276,060円
25年	2%	127,170円
30年	3.5%	150,180円

返済額確認表

借入金100万円あたりの月額返済額（単位：円）

金利＼返済期間	5年	10年	15年	20年	25年	30年	35年
1.00%	17,094	8,760	5,985	4,599	3,769	3,216	2,823
1.50%	17,310	8,979	6,207	4,825	3,999	3,451	3,062
2.00%	17,528	9,201	6,435	5,059	4,239	3,696	3,313
2.50%	17,747	9,427	6,668	5,299	4,486	3,951	3,575
3.00%	17,969	9,656	6,906	5,546	4,742	4,216	3,849
3.50%	18,192	9,889	7,149	5,800	5,006	4,490	4,133
4.00%	18,417	10,125	7,397	6,060	5,278	4,774	4,428
4.50%	18,643	10,364	7,650	6,326	5,558	5,067	4,733

返済額計算方法

①3,000万円を**期間10年　金利2％**で返済する場合の返済額

9,201 × 30 ＝ **276,030** 円/月

※3,000万円÷100万円＝30

②3,000万円を**期間25年　金利2％**で返済する場合の返済額

4,239 × 30 ＝ **127,170** 円/月

※3,000万円÷100万円＝30

③3,000万円を**期間25年　金利3.5％**で返済する場合の返済額

5,006 × 30 ＝ **150,180** 円/月

※3,000万円÷100万円＝30

さんに相談してみましょう。

例えば30年のローンを組んで20年間支払をしてきた方の場合、残り10年で完済となります。そこを、あと25年延長して返済期間を45年まで延ばすことができれば、キャッシュフローは劇的に改善します。

原則、建物の残りの耐用年数により、融資金額の延長期間が決まります。ただし、各金融機関の融資条件や方針、取引状況によって期間延長が認められない場合があります。当社でもアドバイスが可能ですので、お気軽にご相談ください。

・資産内容を良くして最優遇金利を

現在は低金利の時代ではありますが、金融機関は融資先との取引内容によって金利に差をつけているというのが現状です。

資産内容が良く信用力が高い方や、事業内容が良く返済余力が高い賃貸経営をしている方は、低金利で融資を受けられる可能性があります。

逆に資産内容が良くなかったり、事業性に問題があるような場合は、そのような優遇を受けられないのです。場合によっては3倍近く差があるということもあるようです。

金利を低くできれば当然に、返済総額が減ります。金融機関から、少しでも優良と判断してもらえるよう、資産内容（キャッシュフロー等）を良くしておくことがやはり重要となります。

・古い建物に融資を受けるために

これからの時代、キャッシュフローを良くするための要素は、**「高入居率を実現」「返済期間を長くすること」「適切な節税対策」**そして**「古い建物を活用すること」**と考えます。

古い建物の活用については、ある程度の建物改修費用が必要になります。それを融資で賄おうとする際に問題となるのが耐用年数の壁です。

金融機関は法定耐用年数を上限として融資をするのが原則です。しかし、これも金利優遇と同様に、融資先との取引状況や資産内容によって柔軟に対応している金融機関もあります。資産内容が良ければ、ある程度耐用年数をオーバーする融資でも可能な場合もあります。耐用年数だけであきらめている方は一度金融機関に相談してみるのもひとつの方法だと思います。

・信頼関係構築は情報の積極開示を

ここまで資産内容によって融資条件の優遇の可能性があることをお話ししてきましたが、その前提として重要なのが金融機関との信頼関係です。

最近、各金融機関はディスクロージャー誌を発行し、経営状況を開示していますが、私は融資を受ける側も積極的に情報を開示していくべきと考えます。

聞かれていないのに言う必要はないという方もいらっしゃいます。また、突っ込んだ内容は聞きづらいという金融機関の担当者の思いもあり、直接は情報開示を求められていないかもしれません。「マイナスの情報だから言いたくない」という事情もあるでしょう。

しかし、金融のプロには決算書と預金残高を見れば、おおよその経営状態は分かるはずです。それをご自身の口で伝えるか、金融機関担当者の推測で判断されるかで大きな差になってしまいます。人と人とのつきあいですから、まずはどれだけ相手方を信頼できるか、そしてその気持ちを伝えられるかが重要です。

経営上の不安があれば、それも含めて相談すること等が信頼関係づくりに貢献していくのではないでしょうか。さらにその**信頼関係が融資条件の優遇等につながっていく**のではないかと考えます。

★コラム

上手な借入で経営安定化！

不動産にかかわるご相談を受けていると「借金は怖いからしたくない」と口にされるオーナー様や、借入の完済＝賃貸経営のゴールと位置づけて、せっせと繰り上げ返済をされているオーナー様にお会いします。

しかし賃貸経営の観点からみれば、金融機関と良好な関係を築き、必要に応じて借入を受ける事で、キャッシュフローが平準化し、経営の健全化・安定化につながります。

例えば長期で賃貸経営を行う上で、定期的な建物の大規模修繕は欠かせません。この大規模修繕の出費も、手元金ではなく新たに借入をして対応することで、キャッシュフローの大きな落ち込みを避け、平準化させることができます。

また、金利や期間などの条件にもよりますが、たとえ手元資金がある場合でも、事業資金借入を利用して、現金を温存しておくことも選択肢の一つだといえます。なぜなら、手元にお金があれば急を要する場合にも迅速に対応することができ、その面からも経営が安定するからです。

7 不動産保有者の原状

さて、ここからは不動産を保有されている人に焦点を当て話を進めます。これまで私がコンサルティングをさせていただいた不動産保有者の方には、ある一定の傾向があることがわかってきました。

そこで、不動産保有者の方の保有不動産資産の規模と収入の関係を簡単な表に分類しました。ただし、これらは具体的な実証データに基づいたものではなく、あくまで私の経験的推測によるものです。

●不動産保有者分類表

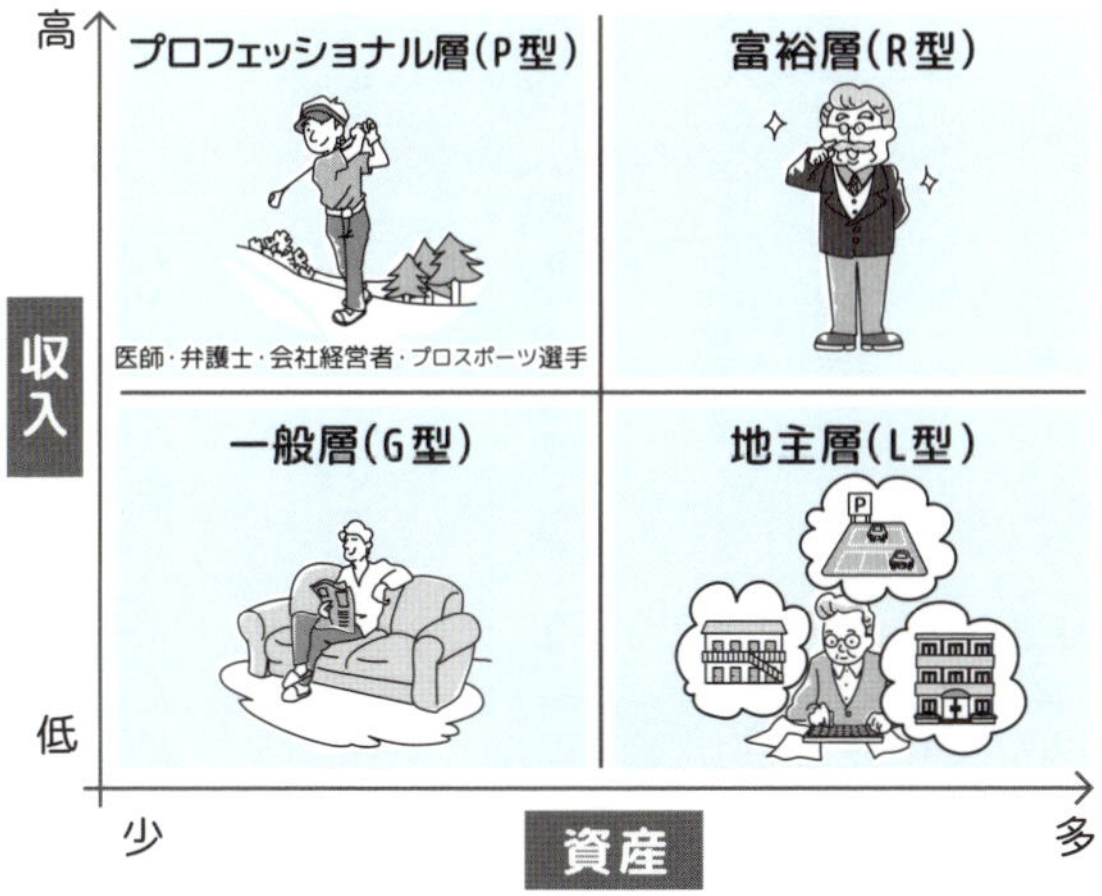

ご自身を客観的に判断するための参考にしていただけたらと思います。

・不動産保有者の分類　～資産と収入～

一般層（G型＝General）

収入や資産規模がごく一般的な会社員を中心とした層です。ボリュームとしては多いゾーンです。

これからマイホームを購入されるという実需の方をはじめ、ワンルームマンション等、投資として不動産取得を検討される方も含めます。

ご自身の将来を考えて、マイホームを購入するのは良いことですが、「みんなが買っているから」「妻（親）に言われたから」と主体的な意見もなく購入に踏み切るのは危険です。

お子様が成長されて独立してしまえば、大きな家は必要ありません。今必要な住居と、5年後10年後に必要な住居は明らかに違います。

まずはライフスタイルの変化による住まいのニーズを考えること、それから不動産保有による固定資産税や修繕費等のコストがかかることもよく理解してご決断下さい。

サラリーマン大家さんをはじめ、不動産投資として収益不動産の購入を検討されている方も同様です。「不労所得を得たい！」と気軽にはじめるのではなく、将来のビジョンを考え、収支の計算をしっかり行ってからスタートしましょう。

そして、無理のある借り入れをしないことをおすすめします。万が一、売却せざるを得ない時にも備えて、個人の嗜好に走るばかりでなく、売りやすさも考慮して購入すると尚良いでしょう。

不動産で困らないためにも、税金や不動産についての知識を勉強しておくと安心です。

プロフェッショナル層（P型＝Professional）

医師・弁護士・会社経営者・プロスポーツ選手などのプロとして活躍される

方をプロフェッショナル層として定義します。

現在の収入は高いですが、いわゆる個人経営者と同様で、自身の怪我や病気など、何かあれば不安定です。また、現役を退けば収入が維持できません。それだけに将来に備える必要があり、自宅だけでなく収益不動産の購入を検討される方が多いことが特徴です。

また、本業の高収入により税額が高額となります。節税目的に加え、将来の安定収入を得るために不動産での資産形成が必要になると思います。税金等とうまく付き合うためにも、金融資産を不動産に置き換えた資産形成が必要です。

富裕層（R型＝the Rich）

資産家として不動産をうまく活用ができている、または、都心のビル等、立地条件が良い所に不動産を保有されている方々です。

ただし現状では問題なくてもこれが将来まで続くかはわかりません。とくに事業用の物件は市況の波を受けやすくなります。くれぐれも油断をせず、1年毎に不動産の経営状態の確認を行うことをおすすめします。

中には、アパートの掃除から集金まで全部行っている勤勉な方もいらっしゃいます。自主管理でも円滑に運営できていれば良いですが、時間に追われるようであれば重要な決断は自分、それ以外の清掃や入居者対応については管理委託をして、人をうまく使った方が豊かな人生につながるのではないでしょうか。

地主層（L型＝Landowner）

代々土地を引きついでいる方々です。金融資産に比べて、不動産の資産割合が高いのが特徴で、中には不動産が9割を占めて、金融資産がほとんどないことが問題となっている方もいらっしゃいます。この本が特にお役に立つと思われる方々です。

不動産活用法に課題があり、キャッシュフローが低水準で、不動産がお金をどんどん吐き出す装置のようになってしまうリスクが潜んでいることがあります。

相続対策の場面でも、土地が多いので分割でもめる、現金が少ないから納税に困るなど、対策をしなければ資産が負の資産となる時がやってきます。また日々の生活や相続税のために資産を売りきってしまえば、破綻してしまう可能性もあります。

不動産の対策には時間がかかるものです。これを防ぐためにも早めに手を打ちましょう。金融資産と不動産資産のバランスを良くするためには、不動産を最大限に活用してお金を稼ぐ必要があります。

また、無理に自主管理を行いお金にも時間にも余裕のない生活を送るよりも、次世代への継承を考えて、信頼できる第三者のプロに不動産に関することを任せた方が良いと思います。

・土地オーナーの悩み1　減らせない

「たわけ者」という言葉をご存じでしょうか。「たわけ」は田を分けるという意味で、「たわけ者」は田を分けてしまう人ということです。農家の方が田んぼを減らさせないためにこの言葉ができたと言われています。

今の不動産保有者の方は元農家という方が多くいらっしゃいます。農家といえば、耕作面積＝収穫量ですから、田を減らすのは言語道断で、そういった不動産保有者の方ならではの呪縛が現代まで引き継がれているのです。

そういった方たちが不動産を売ることができるチャンスは、相続のタイミングです。「税金を払うため」という大義名分があるからです。それ以外は、許されないという空気があります。本来は破綻しないためにも、組み換えをして利回りをあげていく必要があるのですが、まわりから理解を得ることが難しいのです。不動産を「資産」としてとらえられず、ただ守るだけになっていてはいけません。守っていきたければ、その不動産に稼がせる必要があるのです。

これまでの考えに縛られずに意識を変えていきましょう。市況、税制、人口動態など、不動産を取り巻く環境は常に動いているのです。

・土地オーナーの悩み2　相談できない　相談できる人がいない

知り合いの資産家が、がんを罹っても知らないうちに治っていた・・・という話を聞いたことはありませんか。もちろん、勝手に治っているわけではありません。よくよく話を聞くと、有名な医者が知り合いにいて、特別な最新治療でがん治療を行っているのです。資産家の方には幅広い人脈があり、一般の方では会うこともできないような名医にかかることもできるのです。

アメリカの富裕層の条件は、「医師」、「弁護士」、「不動産のエキスパート」の3人のブレーンを持つことだそうです。

いざというときに、相談ができて自分のために動いてくれるプロの方たちです。アメリカでは常識だそうですが、日本ではあまり聞いたことがありません。

日本の不動産保有者の方たちは、相談できる人がまったくいないか、相談相手の選択に失敗しています。

不動産保有者の方たちの多くは建築会社やハウスメーカーの営業マンに相談しています。これは間違いです。営業マンは「建てましょう」というのが仕事です。あなたのことを考えたアドバイスというわけではありません。

資産活用のパートナーには、建築会社の他に不動産会社、税理士、金融機関などがあり、成功のためには多くの人たちと関わりを持ち、特に信頼できる人とめぐり合えたら書面で業務を委任することをお勧めします。

さらに、**成功の鍵は「自分の考えをきちんと伝えること」、「人の考えを聞くこと」**だと思います。日ごろから、ご家族のことであったり、どのような人生を送りたいかをよく話しておくことも重要です。

なかなかこれだと思うパートナーとめぐり合うのは難しいとは思いますが、一緒に苦楽を共にしてくれる各分野のエキスパートと、何かの時にいつでもアドバイスをもらえるような関係を構築しておくことが、不動産保有者の方には大切な事ではないかと思います。

コラム

『"お金が貯まる" 不動産活用の秘訣』

読者成功事例①

大田区の地主　M様

私は自宅周辺に複数の不動産を保有しているのですが、その中には父から受け継いだ底地がいくつかあり、整理したいと考えていました。

しかし昔は口約束などで貸していたので、引き継いだ当時は契約書が無い所もあり、どこから手をつけていいのか、困っていました。そんな時に市萬さんにとの出会いがありました。

土地活用について相談して指摘を受けたのが、やはり借地権の底地の保有割合が多く、キャッシュフローに影響を与えているということでした。そこで、この機会に底地権の整理を行うことにしました。具体的には、底地を借地権者に売却するか、こちらが借地を買い取るかなのですが、借地人と自分の間に入って調整してもらえたので、精神的にも非常にありがたかったです。市萬の担当者さんがさまざまな底地整理の事例を知っていたので、そのおかげで借地人の説得や交渉がうまくいったと感謝しています。

その頃、ちょうど駅前商店街沿いの土地が等価交換で戻ってきたので、その土地の活用もお願いしました。

何を建てるかだけではなく、建築会社選定、テナントの募集もしてもらえたのでとても助かりました。自分ひとりではとてもできることではありません。

今までお願いしていた知り合いの設計士さんは、ご高齢ということもあり、時代についていけないところが心配でしたが、この活用では、今の時代に合ったテナントと建物になりました。店舗は住居より設備投資がかからないのがいいですね。これからも長く安定して稼いでくれることを期待しています。

【担当コンサルタントからの一言】

底地と借地権の等価交換により、駅前商店街沿いの土地を所有権化しました。

どのような建物を建てたらよいか、またテナント付けに不安を持たれていましたので、テナントを建築前に幅広く募集することをご提案。結果、ミニスーパーと24時間営業のフィットネスクラブを誘致することができ、非常に事業性の高い活用となりました。

第2章

不動産の収益力を上げるには

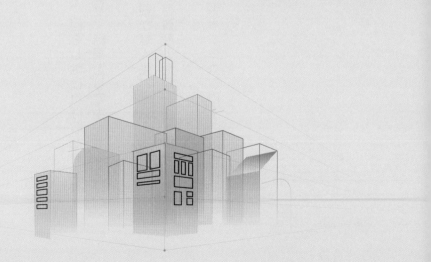

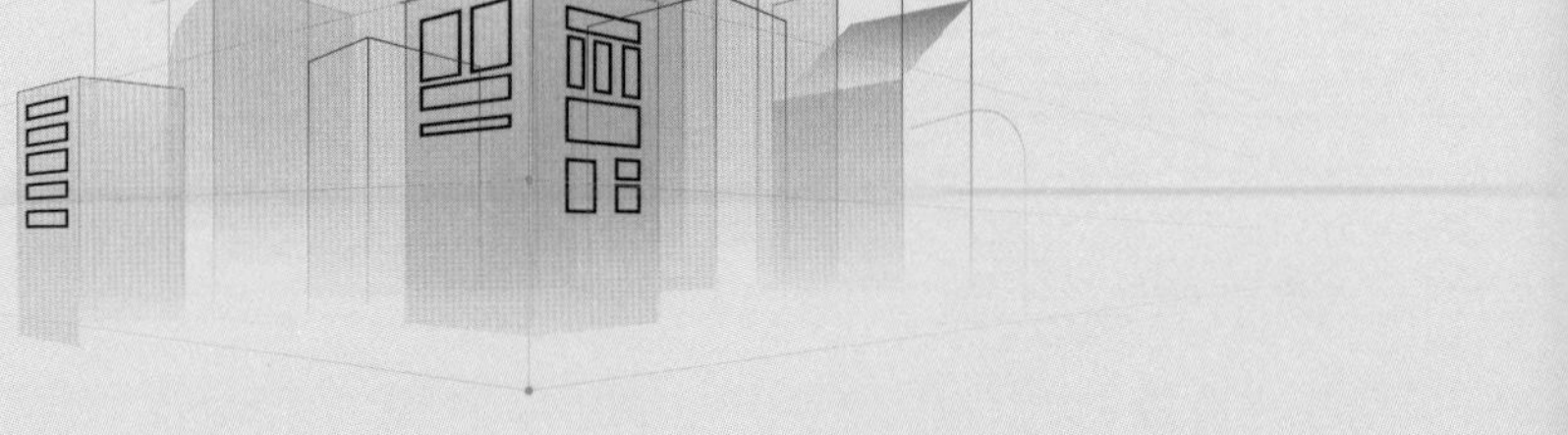

保有していれば「資産」と考えられる不動産ですが、何もしなければ収益を生みません。それどころか、税金の支払いだけが負担となり、結果としてキャッシュフローに困ることになってしまいます。

第1章でもお話しした、お金と時間に余裕のある「豊かな人生」を送るために、また相続や遺産分割といった将来のことも考えて、保有資産の活用方法を再考しましょう。

資産の組み換えなどを思い切って行うことにより、キャッシュフローの改善につながり、結果として相続対策に役立つこともあります。

不動産の種類別対策

新章でも述べましたが、不動産の需要が多様化するなかで、これからは次の2つを考慮に入れた不動産活用を考える必要があります。

・不動産要件（不動産の立地や特徴、隣地の状況も含む）
・人的要件（不動産保有者様の次世代への相続方法等の家族背景）

たとえ同じ土地だとしても不動産保有者様の状況が異なれば、不動産活用の方法も異なります。

何が最適な方法なのか、今考えられるあらゆる選択肢の中から、最善の方法を検討していきましょう。

この章では「不動産要件」にポイントをおき、愛着のある土地や先祖代々伝わっている不動産を、きちんとした「資産」として次世代へ引き継ぐことに成功したケースや、不動産の活用によってキャッシュフローが良くなった具体的な事例をご紹介させて頂きます。

ケース① 使わなくなった古い自宅を活用

（対策前）

1年以上未使用の自宅
建物・設備に不具合が多い

（対策後）

最小限の費用で貸戸建として活用

対　策	コストを抑えて必要最低限の修繕のみで募集
相続税軽減額	約220万円
キャッシュフロー	−16万円（固定資産税）➡ ＋128万円（賃料収入−固定資産税）
投資金額	120万円（修繕費）

お客様

東京都大田区の会社社長
上下階の移動等が負担になりマンションに住替え
しばらく使用しておらず建物・設備に損傷が多い

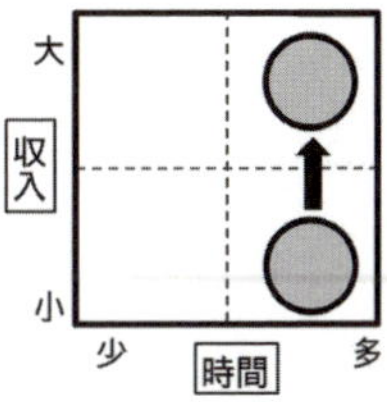

結　果

収入増　相続税軽減

「今後望ましい住宅形態」に関するアンケート結果

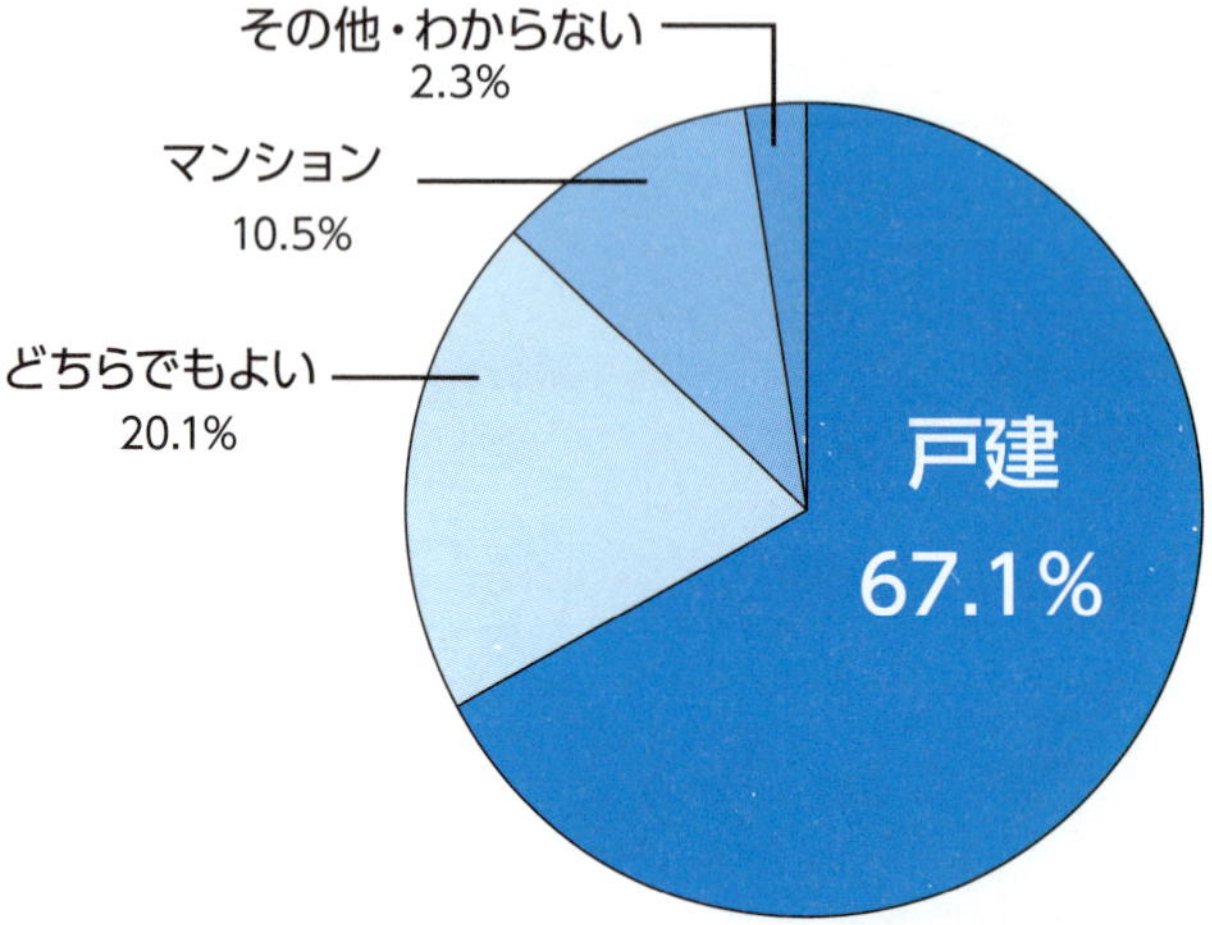

国土交通省「土地白書平成25年度版」より

使わなくなった戸建を賃貸住宅として活用したケースです。すでに両親から子世帯が戸建を譲り受けてはいるけれど住んでいないケースや、親御さんが居住しているけれど、子世帯が独立して部屋を余らせているケース、あるいは自分たちでは戸建が維持できなくなり、マンションに引っ越しているケース等があげられます。

家族の思い出のつまった家に愛着があり売却もできず「どうしようか？」と悩んだまま決断できず、空き家のままになっていることも多いのですが、結果的にその戸建はマイナスの資産となってしまいます。

当社管理建物

ならば第三者に貸して収益を生むのはいかがでしょうか？

グラフにもあるように、**戸建に住みたいニーズは想像以上に多いのです。**

元気なお子様がいるご家族がアパート暮らしであれば、上下階への騒音の問題が発生しがちです。また、お子様から「ピアノを弾きたい！」と要望があることもあります。

その他「ペットと一緒に暮らしたいけれど、賃貸マンション（アパート）では住めない・・・」といった様々なニーズに対して、戸建であれば、応えていくことができるのです。

ただし戸建の場合は面積が大きいため、全てを完全に修繕しようとすると多額の修繕費がかかってしまいがちです。そのため、賃貸に出すことを躊躇されている方もいらっしゃることでしょう。

ここでお伝えしたいのは戸建を求める方に関しては、どちらかと言えば新築のようにピカピカ、というよりは、戸建の固有の使い方に利点を置いて選ばれる方が多いという事実です。

ですから思ったほどの費用をかけることなく、最小限の設備を改善するだけで入居者のニーズを満たすことができると思います。

これは大田区にお住まいの会社経営をしている社長さんがお持ちの戸建のケースです。

お子様が巣立たれ、ご夫婦2人でお住まいでしたが、上下階への移動が億劫になったり、広すぎて掃除や草むしりなど維持が負担となりました。

最終的に奥様の希望もあり、マンションへ引っ越されました。

家はそのまま放置して1年が経過しています。しばらく使用していないため、損傷がある状態でした。

建物の点検をしたところ120万円もあれば、十分に貸せる状態になるため、あまり大きなお金をかけず賃貸住宅へ転用することが可能でした。

結果的に30代のご夫婦とお子様2人の4人家族に入居していただくことになりました。

収支は、そのまま放置していた時は、固定資産税だけが発生していましたが、月12万円の家賃収入が得られることになり、固定資産税を差し引いても年間128万円のプラスになりました。

☆税理士のワンポイント

空家のままでは、「小規模宅地等についての相続税の課税価格の計算の特例」（措置法69条の4）が使えない状態でしたが、第三者へ貸すことで賃貸業になり、土地の評価額が1/2となることで、結果的に相続が発生した場合の相続税が220万円もマイナスになりました。

街中で使われなくなった戸建が放置されているのが散見されますが、とくに古い建物を放置することで街並みの美観を損ねたり、治安を悪化させるなど社会的な問題にもなっています。

活用できるチャンスを活かして、まずはご自身の収入アップや税金軽減につなげていきましょう。

今まで払うだけだった固定資産税も、戸建を賃貸するため事業となり、経費として扱うことができるようになります。

ケース② 昭和51年築の木造アパートを建替えずに再生

（対策前）

空室が増えた築古アパート
建替えるべきかどうか

（対策後）

投資効率を重視した修繕を実施
入居率アップを実現

対　策	若い入居者を意識し、木の温かみのあるリフォームを実施		
入居率	83%	➡	100%
賃料（一部屋）	7.5万円/月	➡	10.2万円/月
投資金額	500万円（内・外装改修費）		

お客様

東京都世田谷区　複数のアパート等を所有する
賃貸オーナー様　所有物件のうち１棟が老朽化し
建替えについて迷っている

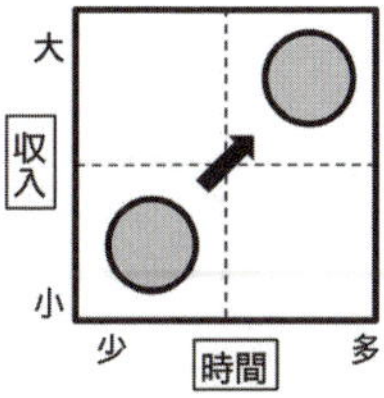

結　果

収入増　満室達成　管理委託によるゆとり増

世田谷区在住の複数のアパートを持つオーナー様です。その中でも一番古いのは昭和51年築のアパートで、これを「今後どうしていこうか?」というお悩みをお持ちでした。

つい数年前であれば、躊躇することなくハウスメーカーに建替えの依頼をするケースでしょう。すでにアパート建築の提案書が届いていました。

ただし、このオーナー様は知人や親戚のアパート経営がうまくいっていない現状を目の当たりにされていたため、借入をおこしてまでアパートを建替えることは選択せず、あえて何もされていませんでした。

結果的には6戸のアパートのうち2戸は数ヶ月空室になったままでした。また入居者にはお年を召した方が多く、孤独死等の不安もありました。

そんなタイミングで当社へ相談にいらしたのですが、このアパートの立地条件を分析したところ、若い方でも十分に入居者として迎えることが可能だという調査結果が出ました。

ただし、修繕費用が多額にかかってしまえば、結果的に建替えと変わらなくなってしまいます。そこで投資効果を重視し、あまり大きな投資にならないような修繕計画を提案しました。

具体的にはこのアパートの木造の部分を隠すのではなく、使えるものを上手に残す形で、木の温かみを求める若い人を意識したデザインを計画したのです。

その結果10万円を超す賃料で30代の女性が入居されました。

入居された女性からお話を聞くと、「ワンルームでは狭いし、鉄筋コンクリートでは温かみがなくて」という、マンション住まいを好まない方でした。

ずっと実家の一戸建で暮らしてきたこともあり、「木のぬくもりが自分には合っていますね！」とのことでした。

このオーナー様の場合は今まで「木造アパートで家賃も低いから、管理会社に手数料を払うのはもったいない」というお考えでした。

それが2割強も家賃を上げることができたため、思い切って当社に管理を委託されました。家賃が増えただけでなく、ご自身に時間のゆとりも増えたことがなによりの価値ではないでしょうか。

☆税理士のワンポイント

お部屋が長い間空いてしまっていると「貸家建付地」に該当しなくなる可能性があります。

賃貸に出していれば、相続税に対する評価減を受けられる「貸家建付地」となりますが、長期間空室のままでは一概にそう呼べなくなるのです。この状態を当社は「空家建付地」と呼んでいます。

なぜかというと、空室が長引くと評価減が受けられない可能性があるからです。具体的には何年何ヶ月と決まってはいませんが、空家のまま放置していることにより、その意思がないとみなされることがあるのです。

万が一、評価減を受けることができなければ大幅に税額が増えてしまいます。ビルも同様なので、気をつけなければいけません。これらは相続税の課税時に税務署が判断します。

ケース③ 商業ビルのローコスト再生

（対策前）

築年数の経過とともに入居率低下

（対策後）

エントランスの改修により
ビル全体のイメージアップ実現

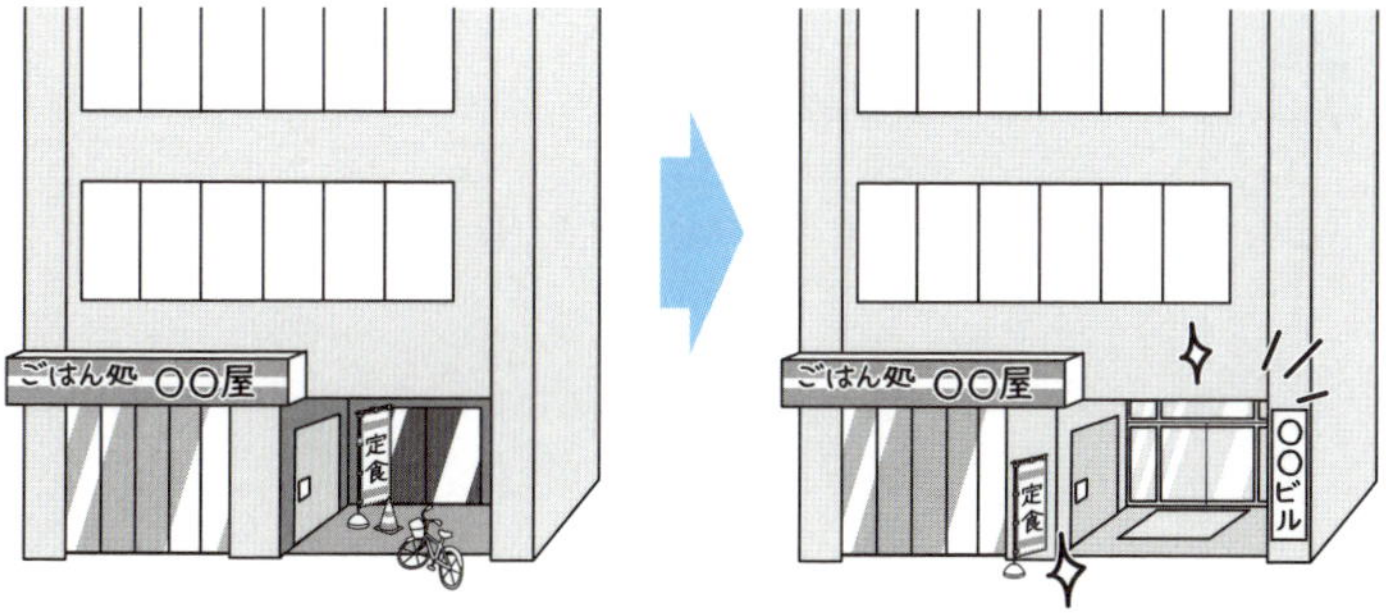

対　策	エントランスのリノベーション		
入居率	56%	➡	100%
収入	3000万円/年	➡	5700万円/年
投資金額	280万円		

お客様

品川区のビルオーナー
7フロア中3フロアが空室となり、賃料収入減に
悩んでいる

結　果

収入増　満室達成

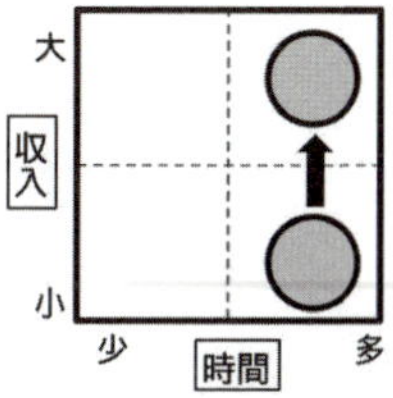

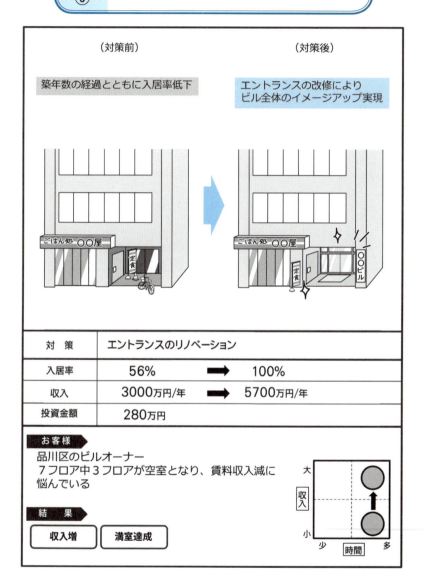

商業ビルについては一般的な賃貸用住宅と違って、お部屋の内装にあまり差がありません。

賃貸用住宅であれば、キッチンやバス等の水回りや設備、フローリングやクロス等の内装、日当たりの良さや収納の有無等の内的な部分にウエイトがかかっています。

対してオフィスの設備というものはおおよそ決まっていて、何か造作をするわけでもなく、水回りもトイレと最小限のキッチン程度です。

その中で唯一、差が出てくるのはエントランスです。なぜかといえば、そのビルに入る会社の顔となるからです。ここが最大のポイントになります。

会社であれば、取引先、あるいは金融機関の担当者、採用時の面接に来る応募者等が来訪します。

実はオフィスに入ったときよりも、ビルの前に立ち、エントランスを通過するときに、そのグレードで会社の価値＝会社のイメージを測る方が多いのです。

だからこそ、**ビルの価値はエントランスが重要**だと考えます。

今回のケースのビルは1階に飲食店のテナントが入っており、エントランスの目立つ場所に定食屋の「のぼり」が出ています。

飲食店と2階以上へのオフィスエントランスが同じ場所にあり、その入り口からでなければ、ビルに入っていけない構造になっています。

もともと1階にはゴルフ用品店がありました。1階がゴルフ用品店だった時代は、10時から18時までしか営業しないため問題はなかったのですが、近くに大型のゴルフショップができた結果、空きテナントとなってしまったのです。ゴルフ用品店撤退の後、ほどなく飲食店が借りてくれたのは良かったのですが、ビルの顔のイメージがだいぶ変わってしまいました。

実際、2階から上の家賃の総額は1階の家賃の3倍近くになります。家賃で考えれば、上の階も大事なテナントです。そのためにも、エントランスをどのように良く見せるかが課題となりました。

当社が提案したのは、飲食店が横にあっても、ビルのエントランスとして価値が高まるようなリノベーションです。

構造としては入口を分けることができないため、対処法としてオフィスのエントランスを明るくしました。

今のトレンドに合わせた明るい外壁を使ったり、観葉植物を置いて価値を上げたのがこちらの事例です。

リノベーションといっても、新しく照明を設置して、表層だけを変えた対策で、約280万円の工事で済みました。

結果的には空いていた3フロアが埋まって、家賃収入も年間ベースで2700万円増えました。費用対効果が非常に良い事例となりました。

☆税理士のワンポイント

リフォームを行った場合に一番の問題は、行った工事（資産取得を含む）が修繕、新規資産の取得、または、資本的支出のどれに該当してくるかということです。例えば工事費用が200万円だった場合、領収書を1枚で貰えば当該年度に一括で必要経費として計上するのが難しくなります。

見積書や請求書を確認して、どこのどのような工事を行ったのか、または、資産を購入したかどうか等を把握してください。

中小企業者の少額減価償却資産の取得価額の必要経費の算入の特例（措置法28条の2）が継続して延長されていますので、細かく見れば、転用等の資本的支出に該当しなければ、購入または工事の修繕として30万円未満または20万円未満のものは、支出した年の必要経費に算入できると思います。まずは明細を必ずご確認ください。

ケース④ バブル期建築賃貸マンションのキャッシュフロー改善

（対策前）

年々入居率が低下し今後のキャッシュフローに不安

（対策後）

共用部のリフォームで建物の第一印象をアップ

対　策	共用部（ゴミ置場、自転車置場、建物一階）のみリニューアルし改修費をおさえて募集		
入居率	39.2%	➡	96%
収入	76万円/月	➡	210万円/月
投資金額	300万円		

お客様

複数の賃貸不動産をお父様から相続したオーナー様
ここ数年マンションの入居率が低く賃料収入が減少し、返済の負担が大きくなってきた

結　果

収入増　**管理委託によるゆとり増**

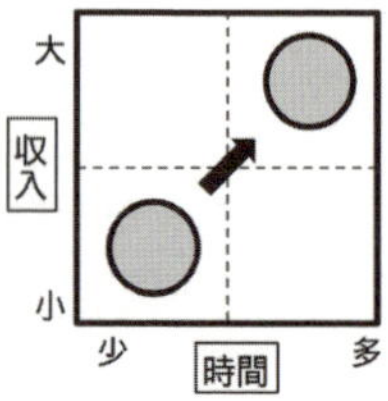

平成元年前後のバブル期に建築された賃貸マンションのキャッシュフロー改善です。

バブル期は特に土地価格が高騰したために、相続税を意識し「とにかく賃貸マンションを建てなければ、相続が発生すると全財産を持っていかれてしまう」・・・そんな恐怖心から金融機関やハウスメーカー、建築会社主導の下で建てられたのがこの時期の建物です。

当時は建築費が高くても節税になるため、あまり気にしませんでした。しかもバブル景気でしたから、地価だけでなく、家賃も数年毎に5％近く上がっていく計画が立てられていました。

結果として借入額も多く、今から振り返れば、事業として無理のある計画が多いのが特徴です。

それらの不動産は、現在築後20年以上が経過して、建築当時の計画とずれが生じています。

空室増による賃料収入減、資金計画になかった修繕費と税負担によりキャッシュフローがマイナスになっているケースもあり、返済や納税に不安を覚える方も多くいらっしゃいます。

しかも、現金の持ち合せが少なく、再投資をする余力もないのが現状です。建物の修繕もできず、空室率が高い物件になってしまっています。

この物件は相談を受けた時点では入居率が50％を切っており、オーナー様自身非常にお困りになっていました。

当社で調査をしたところ、建物自体はこれもバブル期建築物の特徴ですが、良い素材を使ってしっかりと建てられていました。

余裕を持った資金計画できちんと整備すれば、十分に入居者が集められる力を持っていることがわかったのです。

まずは最小限の費用で、どこを改善すれば良いかを分析しました。

当社は第一印象に改善の余地があると判断をしました。そこで行った対策は、あまりお金をかけずに物件のイメージをアップさせることです。

手をつけたのはゴミ置場、自転車置場、建物一階のリニューアルでした。それら共有部には手を入れましたが、居室についてはきれいにするだけで、当時のままの内装を活用することにしました。

投資額は約300万円かかりましたが、内見者の印象がぐっと良くなったせいか、次々に成約に至りました。

入居率は96％まで改善し、月額賃料収入は以前と比べて約130万円増となり、一年足らずで投資金額を回収することができました。

空室を埋めるだけではなく、その後も高い入居率を維持し続けることが、借入額の多いオーナー様にとっては非常に重要です。

このオーナー様は将来のキャッシュフローを維持するために自主管理から当社の管理に切り替え、また常に共用部分の美化に努め、高い入居率の維持を心がけていらっしゃいました。

また管理を委託することにより、オーナー様自身にも時間のゆとりが生まれたのは言うまでもありません。

☆税理士のワンポイント

事業開始後15年後位に迎える「デッドクロス」に気をつけましょう。デッドクロスとは税金が増えて、結果的に手取り金額が減ってしまう現象です。建築時からしばらくは設備等の減価償却費があり、更に金融機関の返済金のうち経費となる利息の割合が高い時期が続きます。しかし、年数の経過とともに減価償却費が減って、返済金のうちの利息が減り、経費とならない元金が増えることになります。

加えて経年により空室の発生や賃料の低下が起こるケースが多いので、実際のキャッシュフローはさらに悪化することが想定されます。賃貸経営上、このような時期は必ず訪れるものと理解しておくことが重要です。

ケース⑤（パターン1） 広大な遊休地の活用

（対策前）

接道のない1000坪の土地活用

（対策後）

隣接地所有者の協力によりデザインされた分譲地として宅地開発が実現

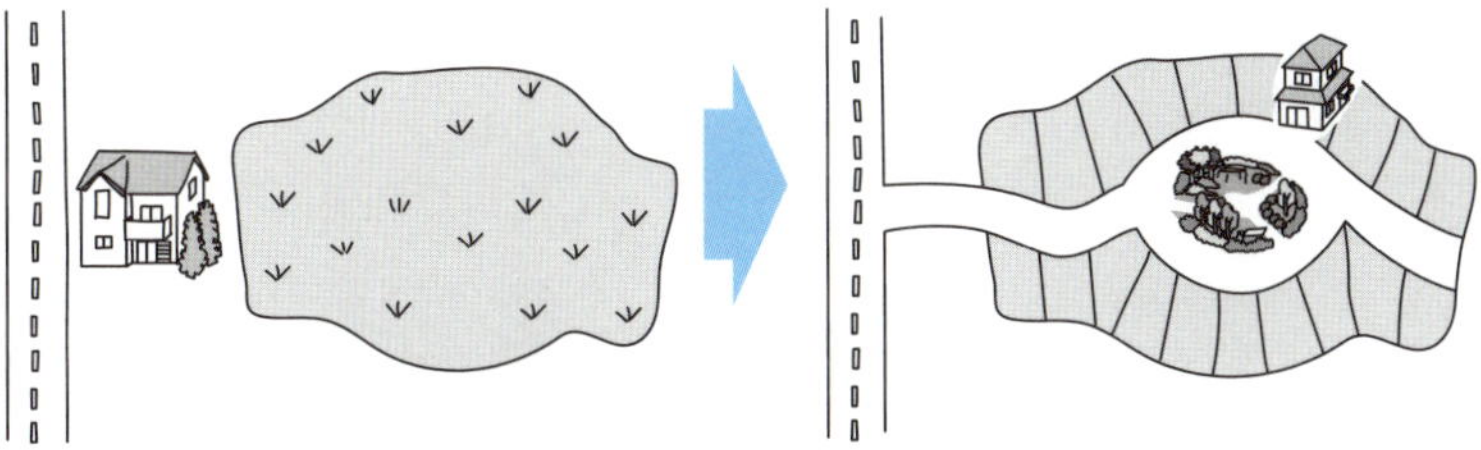

対　策	将来的に価値あるおしゃれな分譲地づくり 一部売却により造成費を捻出
資産価値	9000万円 ➡ 5億4000万円
接道状態	未接道のため建築不可 ➡ 接道のある19区画
投資金額	1億1000万円（造成費、戸建購入費）

お客様

多くの不動産を所有する郊外のオーナー様
自宅近隣に1000坪の無接道の遊休地を所有
固定資産税の負担が大きく、更に相続税の不安大

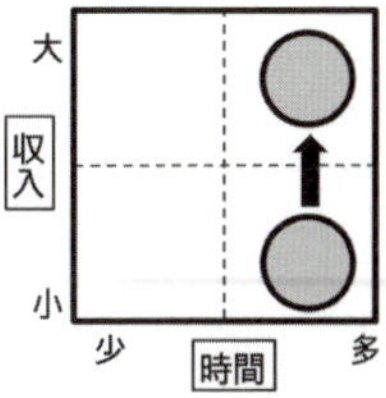

結　果

資産価値増　資産の流動性増

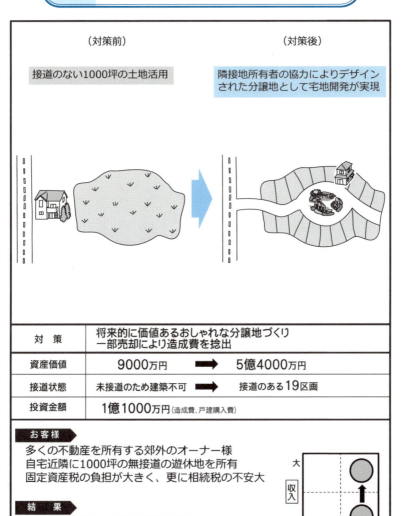

広大な更地（遊休地）の活用の例です。こちらは1000坪の土地を持つオーナー様でした。

しかし、持っているだけで固定資産税が何百万円もかかりますし、夏場に草を刈る人件費もかかります。

当社へご相談をいただく前にも、介護施設や大型賃貸マンション等、様々な提案を受けていらっしゃいましたが、なかなかこれだと思う案のないまま時間だけが経っていました。

すでに周辺には、ご自身でも複数のアパートを所有されていましたが、最近では空室も増え、建物を建てて貸すことに限界を感じていたそうです。

当社で徹底的に周辺不動産ニーズの調査・分析をし、お客様だけでなく、奥様やご子息の希望も良くお聞きした結果、この立地での賃貸不動産建築は事業性が低いとの結論に至りました。

当社が提案したのは土地開発を行い、道路を造り、手ごろな大きさに区画分けを行い「新しい住宅地を造りましょう！」ということでした。

ただし周辺の不動産市況を分析すると、アパートだけでなく建売住宅も苦戦している状況でした。

その理由は、周辺にあった工場が移転し、若い層の人口が減少していたからです。しかし、さらに分析すると建売住宅のニーズこそ減少していましたが「土地を買って、自分で注文住宅を建てたい！」と思っている層が存在することに気づきました。郊外に「夢の一軒家を持ちたい！」というニーズです。

そこで当社が提案させていただいたのは、宅地造成費用捻出に必要な最低限の土地を売却する手法でした。

ポイントは土地のみでの販売とし、建築条件（※）をつけないことです。「自分好みの家を建てる」ことが価値になると考えたからです。

※土地販売者と土地購入者との間において、土地に建築する建物について「一定期間内に指定する建設業者との間に建築請負契約が成立すること」を条件とする契約形態

ただし色々なテイストの建物が建つと雑多な感じになり、街並みが悪くなる心配があったため、道を曲線にすること、街路樹を敷地内に植えること、道路沿いにデザインが施されたブロック材を敷くこと等の特徴を作りました。結果、良く見かける画一的な分譲地とは異なった独自の雰囲気のある分譲地になりました。

建売業者では、この様な手間のかかることはなかなかやりません。しかし、多少時間はかかるものの、ご自身の住まわれている街の雰囲気アップにもつながることに対してオーナー様から大きく賛同いただき、計画実施となりました。

この曲線の道路をはじめとした街並みに魅力を感じてくださった方が多く、近隣と比較して15%も高く売却できる土地になりました。

工事費分は売却した土地代金で補填し、残った土地には賃貸戸建を建てることにより賃料収入を得ることができました。これも土地を売却した資金で建築していますから、借入無しで有効活用ができたわけです。また将来お子様たちのために分割しやすい形にもなりました。

マイナスの資産から家賃収入を得られるプラスの資産に変わった事例です。

この事例の大きな特徴として、広大な更地のままでは売ろうと思っても売却に時間がかかるうえ低い金額でしか売れない状態だったものが、相場以上の金額でいつでも売却可能となったことです。

また、大きな一つの土地では、誰が相続するかが分かりにくく、トラブルのもとになりかねませんが、宅地化することによってA区画が長女、B区画が次男という風に分けやすくなりました。

☆税理士のワンポイント

相続税の納期限（=申告期限）は相続を知った日の翌日から10ヶ月以内です。そのため、当然ですがこの期間内に相続税を納付する必要があります。

広大地をお持ちの方は、恐らく相続税も多額に納める必要が生じてくると思います。得てしてこのような方は、不動産を多数保有していながら、相続税額にキャッシュが追い付いていない例も多く見受けられます。

その場合、納税資金の確保の方法はお手持ちの不動産の売却、延納・物納、または借入という手段に限られてくると思います。

ただ、どれもメリット・デメリットがあります。売却するにも当然広大地を購入できるのは、デベロッパー等に限られてしまい、そうなると手続きに時間がかかったり、相場と比較して安くなってしまいます。

今回のように、事前に整備していれば、必要な分だけを納期限までに売却することが可能になってくると思います。いつか売る土地ならば早めに準備をし、好条件をじっくり待つ方が良いと思います。

ケース⑤（パターン2） 小規模地の最大有効活用

（対策前）

出店の打診があった店舗との契約を検討

<契約条件>
解約予告6か月前
設備修繕費オーナー負担

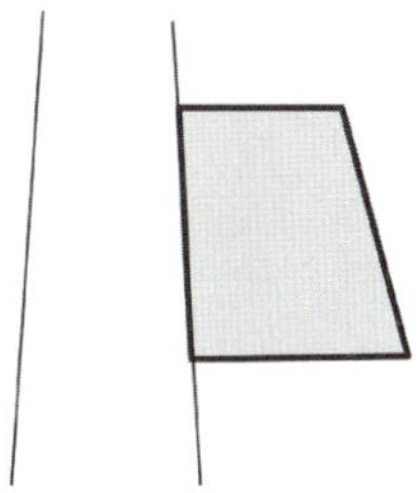

（対策後）

建築前募集を行い、最も条件の良いテナントと契約

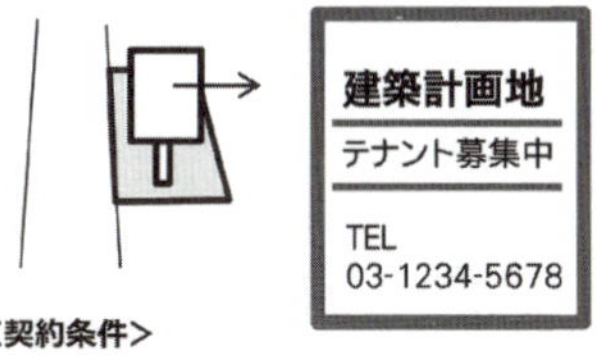

<契約条件>

A社 賃料100万円
解約予告6か月前
設備修繕費オーナー負担

契約
B社 賃料95万円
解約予告12月前
（途中解約の違約金条項あり）
設備修繕費テナント負担

C社 賃料98万円
解約予告6か月前
設備修繕費テナント負担

対　策	建築前に幅広く募集を行い、契約条件や将来の安定性等を比較検討した上で誘致先を決定
キャッシュフロー	−30万円/年（固定資産税） ➡ ＋1000万円/年（賃料収入―固定資産税）
投資金額	約9000万円（建築費＋諸費用）
利回り	0%（更地の場合） ➡ 12.6%（賃料収入/建築費等）

お客様

賃貸マンション・アパート等を保有する地主様。
収入のない更地をそのまま相続したくはない。

結　果

収入増　相続税軽減

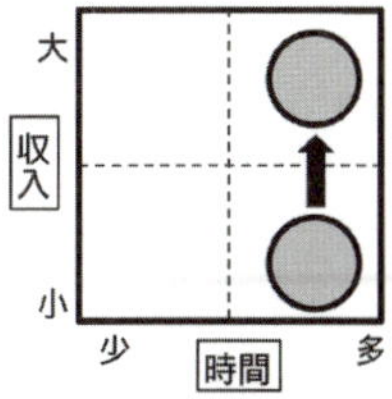

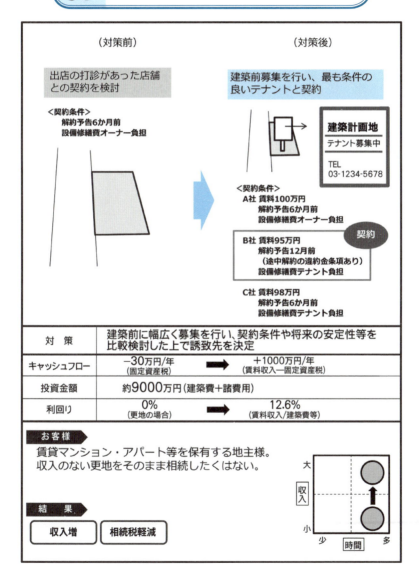

ロードサイドに比較的大きな土地（未利用地）をお持ちのオーナー様のケースです。当初、全国チェーンの飲食店からテナント出店したいとの打診がありました。他に賃貸する予定もなかったので、このテナントとの契約を検討したそうですが、事業用途への賃貸は初めてで、用途が限られる飲食店舗用建物を建築することにも不安があり、当社にご相談に来られました。

当社で契約内容を精査したところ、「20年契約なので安心です」と言われていたにも関わらず、途中解約の条件が「6か月前予告」でいつでも解約できるものになっていました。

加えて、このテナントとの契約では、設備のメンテナンス費用までオーナー側の負担になっていました。何か設備上の問題が起こったときには、オーナーが修理代を負担するのみならず、店舗の休業補償をする必要も出てきます。契約内容をご説明したところ、オーナー様はこのチェーン店との契約は白紙に戻し、当社の事前募集方式でテナントを募集することになりました。

なお、当社の事前募集方式のメリットには、次のようなものがあります。

①土地の状態でテナントの募集を開始し、申し込んできたテナントの中から最

も条件の良いテナントを選べる。

②先にテナントが決まっているため空室リスクがなく、建築終了後、すぐ賃料が発生する。

③オーナー主導で契約条件の調整ができる。契約期間や途中解約のペナルティの規定、敷金や設備の保守費用をテナント側負担にするなど、諸々の条件について合意できるテナントと契約するので、リスクを低くすることができる。

④事業計画の不確定要素が少なくなるので、金融機関からも好条件で融資が受けやすい。

結果、打診のあったテナントの中から3社を選び、その中で一番条件の良いテナントと契約、そのテナントに合わせた建物を建築することになりました。

建築前にテナントを選べたことで、土地の事業用地としての活用に対する不安感が少なくなったこと、当初申し込んできたチェーンの飲食店よりも、業務内容・賃料・契約条件とも良いテナントと契約でき、事業としても満足いくものになったことで、オーナー様にも非常に喜んで頂ける結果となりました。

☆税理士のワンポイント

皆さんご存じと思いますが、建物のような高額な固定資産は、減価償却によって何年にもわたり費用化していきます。

住宅の場合、鉄筋（鉄骨）コンクリート造では47年になります。一方、木造ですと22年になります。耐用年数が短いということは、それだけ費用計上を大きくすることができます。

取得した初期は家賃も高くなるので、その時期に大きく費用計上することができるため、キャッシュフローも良くなると思います。

ケース⑤（パターン3）
1600㎡超の空き地を借入ゼロで活用

（対策前）

20パターン以上の活用方法を検討・ご提案

・大型賃貸マンションを建設
・アパート数棟を建設
・戸建賃貸を建設
・一部土地を売却し、戸建賃貸を建設
・
・
・

（対策後）

土地を貸すという方法を選択
↓
病院と定期借地契約
現金収入の増加
借入ゼロ、売却なし
相続税評価額ダウンに成功

対　策	病院用地として定期借地権を活用		
相続税評価額	約3.5億円	➡	約2.8億円
キャッシュフロー	1400万円/年 （賃料収入ー固定資産税）	➡	2000万円/年 （賃料収入ー固定資産税）
投資金額	0円		

お客様

横浜市に不動産を多数所有
相続税納税準備をしておきたい
借り入れはこれ以上増やしたくない

結　果

収入増　相続税軽減

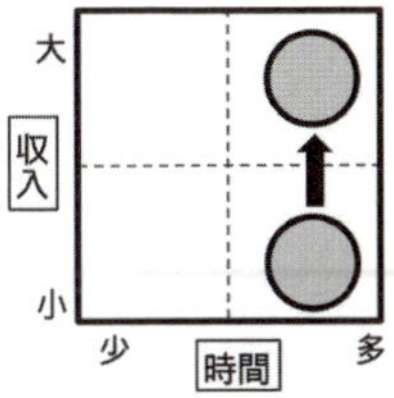

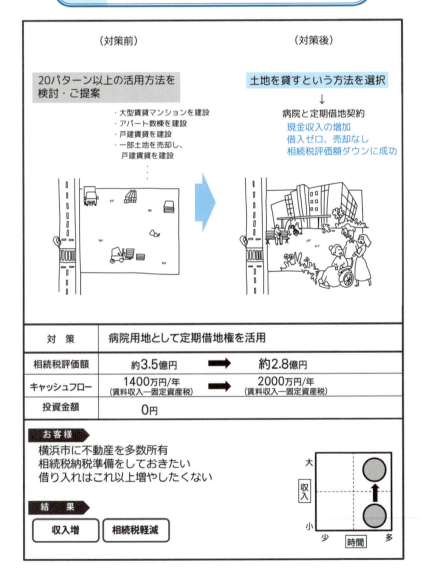

1600㎡の資材置き場を所有するオーナー様で、アパート・マンション・駐車場をすでに保有されており、これまでとは異なった形の有効活用を望んでいらっしゃいました。

これ以上借入を増やしたくないという希望もあり、「もっと安定した活用はないのか？」とのご相談でした。

今の収益状況と借入状況を分析したところ、これ以上の借入をしない方が良いとの診断が出ました。効果的な活用法は「土地として賃貸する」ことでした。

しかし、土地面積が大きいため、一般的な活用方法である駐車場としてもニーズがなく、どのように活用すべきか検討していたところ、あることがきっかけで、医療法人から「このあたりで病院を出したい」という話が入りました。

その医療法人は「建物を不動産保有者の方に建てて欲しい」という要望でしたが、そうした場合10億円近い建築費の借入をしなければいけません。

一度はお断りしましたが、どうしても医療法人より「貸して欲しい！」と要望があったため、交渉の末、医療法人が建築をする条件で話がまとまりました。

この方法では土地のみを賃貸し、建物建築費は借主の負担となり、土地所有者には持ち出しがありません。もちろん運営もその医療法人が行います。

オーナー様には、借地権という形で土地を貸すと、「将来的に土地が戻ってこないのでは？」という不安があったため、「定期借地」を活用し、50年後には土地が戻ってくる契約をしました。

定期借地契約なので長期間の安定収入を見込むことができる上、50年後には土地が１００％戻ってきます。

万が一この先、医療法人の経営がうまくいかなくなったり、最悪にも法人が倒産することも想定し、建物の解体費分を想定した６０００万円の保証金を預かりました。

このお客様は地元の名士でもあり、近隣に求められていた病院としての活用で「地域貢献もできる！」と、この方法を非常に喜んでいただきました。

☆税理士のワンポイント

一般定期借地権の底地も、相続税の評価額で、一定の割合（財産評価基本通達27―2）で減額できます。また、所得税では、前払一括方式（平成17年1月7日の国税庁文章回答）という新しい方法での金銭の収受が可能になりました。

これにより定期借地権設定時に将来分の地代を一括して受け取った一時金も、一定の要件を満たすことにより税務処理上分割で毎年受け取っているのと同様に扱えることができる場合があります。

相続税を考えると、資材置き場では更地と同様に高額な税負担になりますが、定期借地の底地になり残存期間にもよりますが、相続税評価額の20％が減少します。

ケース⑥ 接道1.8m 建て替え不可の土地

（対策前）

接道条件を満たさず
建替え不可、売却困難

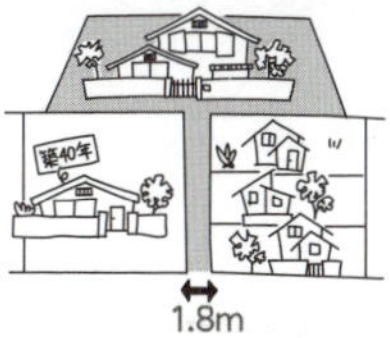

（対策後）

資産価値1.2億円以上UP
希望金額で売却成功

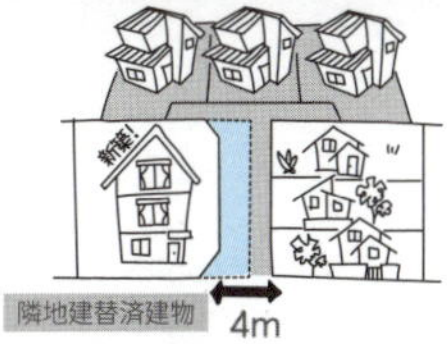

対　策	建物建築費用と道路用地を交換し、道路を新設（建替え可能な土地へ）
資産価値	2000万円 ➡ 1億4400万円
投資金額	3000万円（戸建て建築費、位置指定道路新設費）

お客様

大田区に複数の不動産を所有する法人
不要な不動産は現金化していきたい

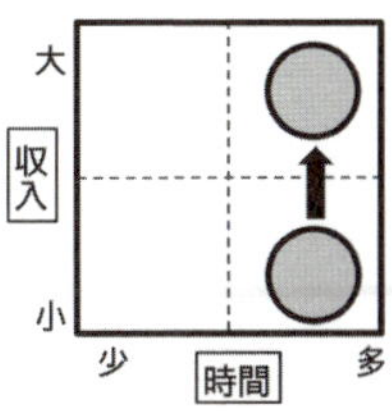

結　果

資産価値増

市場では大幅な減額要素になってしまう土地が多くあります。接道2メートル未満で建物が建てられない、傾斜地で造成費がかかる、地盤が悪い等、条件が良くなく市場では売れない、または相場と比較して非常に安くなってしまう土地です。

このケースは建築基準法の規定を満たしていない土地を優良化した事例です。物件は公道へ1・8mの通路で接道している土地でした。売却を希望していましたが、このままでは建物の建替えができないため売却が難しいのです。

そこで通路の隣地所有者へ協力を求めました。

現地の調査をしたところ、通路の隣地には築40年の古い平屋の戸建があり、しかも三世帯の大家族が住んでいました。

その方に「家が建っている土地の一部、2・2メートル相当分を売却いただけませんか?」とご相談したのです。

ただし2・2メートル分をいただいてしまうと、もともと建っている住宅に被ってしまうため、建物の一部を壊さなくてはいけません。

ならば2・2メートル相当分を分けていただく替わりに、平屋の一戸建を三階建の新築に建替えることを提案しました。道路用地と建物建替え（3階建て）費用の交換という形です。

結果、土地は建替え可能な土地となり相場での売却が実現し、隣地も三世帯がそれぞれワンフロアずつ使える建物を手に入れて暮らしやすくなりました。

建替え費用の負担をしても接道条件を満たせば、充分に採算の合う好立地なのが幸いしました。

土地は80坪、建物が建替えられない再建築不可のときの土地価格が２０００万円、それが坪１８０万円の時価となったため、資産価値は1億２０００万円以上のアップです。三階建て戸建の建築資金２４００万円、道路新設費用６００万円のコストがかかっても十分賄うことができました。

資金が先行して必要であること、また交渉力も必要になりますが、条件の悪い土地が隣地の協力で価値アップするというケースは意外とあります。

☆税理士のワンポイント

このケースでは「固定資産の交換の場合の譲渡所得の特例」（法58条）は使っていませんが、交換の特例をうまく活用することにより、無用な税金を払わなくても済む場合もあります。

本来2・2メートルを渡した人は譲渡税がかかってしまいますが、それが交換の特例に当てはまれば譲渡税がかからないのです。

ケース⑦ 旧法借地権の底地を効率よく優良資産化

（対策前）

出来るだけ好条件で
底地売却希望

希望売却の実現への手順をご提案

（対策後）

境界確定と先着順購入希望受付制度

境界を事前に確定
↓
借地人 10 名へ先着購入
希望制度の受付をご説明
↓
スムーズな売却が実現
（想定価格を上回る売却の実現）

対　策	地主主導の売却と購入、購入した建物を活用		
相続税軽減額	約400万円		
資産価値	4000万円	➡	1億円
賃料収入	5万円/月 （地代）	➡	12万円/月 （貸戸建賃料）

お客様

東京都目黒区の地主
自宅周辺に借地権の底地を多数所有
返済、将来の相続税納税のため底地は現金化したい

結　果

収入増　資産価値増　相続税軽減

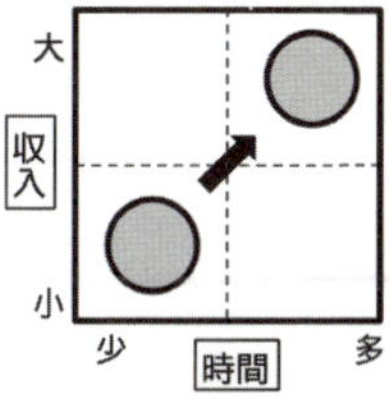

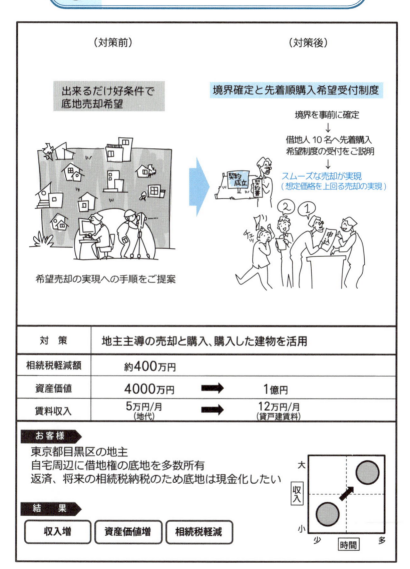

地主さんには旧法借地権の底地を複数持っている方が多いのですが、実勢価格と比較して相続税評価額が高くなることが多いため、相続対策をする必要があります。

自宅の周囲に10以上の底地をお持ちのオーナー様がいました。

底地については、地代や契約内容について借地人とトラブルが多いことも特徴です。地代の不払いや借地人の相続人が不明、更新料等でもめることなどが多いのです。

この方はそのトラブルを次の代に引き継がせたくないという思いもあり、なんとか借地権の解消をしたいと思っていました。

また、相続税の納税費用のため、現金化したいという希望も強くありました。しかし調べてみると境界が不明瞭で、すぐには売却が難しいこともわかりました。

そこで、すべての底地の分筆を念頭に確定測量をすることをお勧めしました。売却希望の箇所だけでなく、全体をまとめて行えば、一箇所あたりのコストが安くなるためです。

測量後は買取売却の参考価格一覧を作成し、借地人に底地買取について希望を伺う手紙を出しました。

一般的には、不動産を売る相手方は不特定多数ですが、借地や底地を売ろうと思ったとき、一番高く売れるのは基本的にその相手方になります。

ですから底地や借地の売却の場合、どうしても早く売らなければいけない等の「困っている方」が不利な条件になってしまいます。

それを避けるために、すべての借地人に対して「借地権の買い取り、もしくは底地を売却します」という旨を知らせました。加えて「2軒に限り先着順です！」と案内をすることにより、まず主導権をとる策を使いました。

その際、買取希望はあっても資金力がない方には割賦を提案するなども行いました。

結果的に3軒の方から申込みがありました。取引となった2軒の内、1軒は若いご家族で建物を建て替えたいために底地を売って欲しいというお話でした。

もう1軒はお年を召した女性の独り暮らしで、それまで戸建に住んでいましたが「広くて大変だから地主さんに戻したい」というご要望でした。

本来、借地権の底地の市場価値は所有権価格の10％程度にしかなりませんが、相手が借地人であったため、若いご家族には所有権価格の50％で売却することができました。

その資金で今度はお年を召した女性の方から建物付借地権を買い戻し、結果的には所有権の戸建を手に入れました。それまでの地代は月に5万円でしたが、貸戸建にすることで家賃12万円と収入アップにつながりました。

また、測量を通じて借地人とやりとりを行い、各種トラブル解決に向けての指針ができました。さらに、借地面積が増加し、地代の増加にもつながりました（月額８２００円）。

最終的には底地の管理委託を希望され、借地人の窓口は当社が行うことになり、地主さんは借地人とのやり取りに煩わされることがなくなりました。

☆税理士のワンポイント

前提として借地の底地は、底地買取を行う不動産業者を除いては借地人にしか売ることができないと考えます。

底地を多く持っている地主さんは、相続が発生したとき急いで現金化しようとしても、借地人にその気がなければ非常に安くなってしまいます。

ですから、なるべく余裕を持って、できる箇所から現金化、所有権化しておいた方が良いでしょう。

そもそも借地権の底地は相続税の負担が大きく、評価額は所有権価格の4割程度ですが、売却しようとすると1割程度にしかなりません。この3割のギャップが問題なのです。

なおかつ底地を所有権にしたこの事例の場合、資産価値も借地の底地だと4000万円のものが、所有権の戸建を持つということで1億円になりました。

資産価値が上がることにより相続税も増えますが、合わせて第三者に貸して小規模宅地の軽減を使うことで、相続税の軽減が受けられます。最終的に相続税額が

400万円下がった事例です。

さらに「特定の事業用資産の買換えの場合等の譲渡所得の課税の特例」（措置法37条・37条の2）を利用し、売却した底地の利益の80％を繰り延べして、課税を2割に留めることができました。

事業用から事業用に買い替えることにより、譲渡の税金を将来に繰り延べて、今のキャッシュを厚くすることができる対策です。

ケース⑧ 共有マンションの兄弟トラブル円満解決

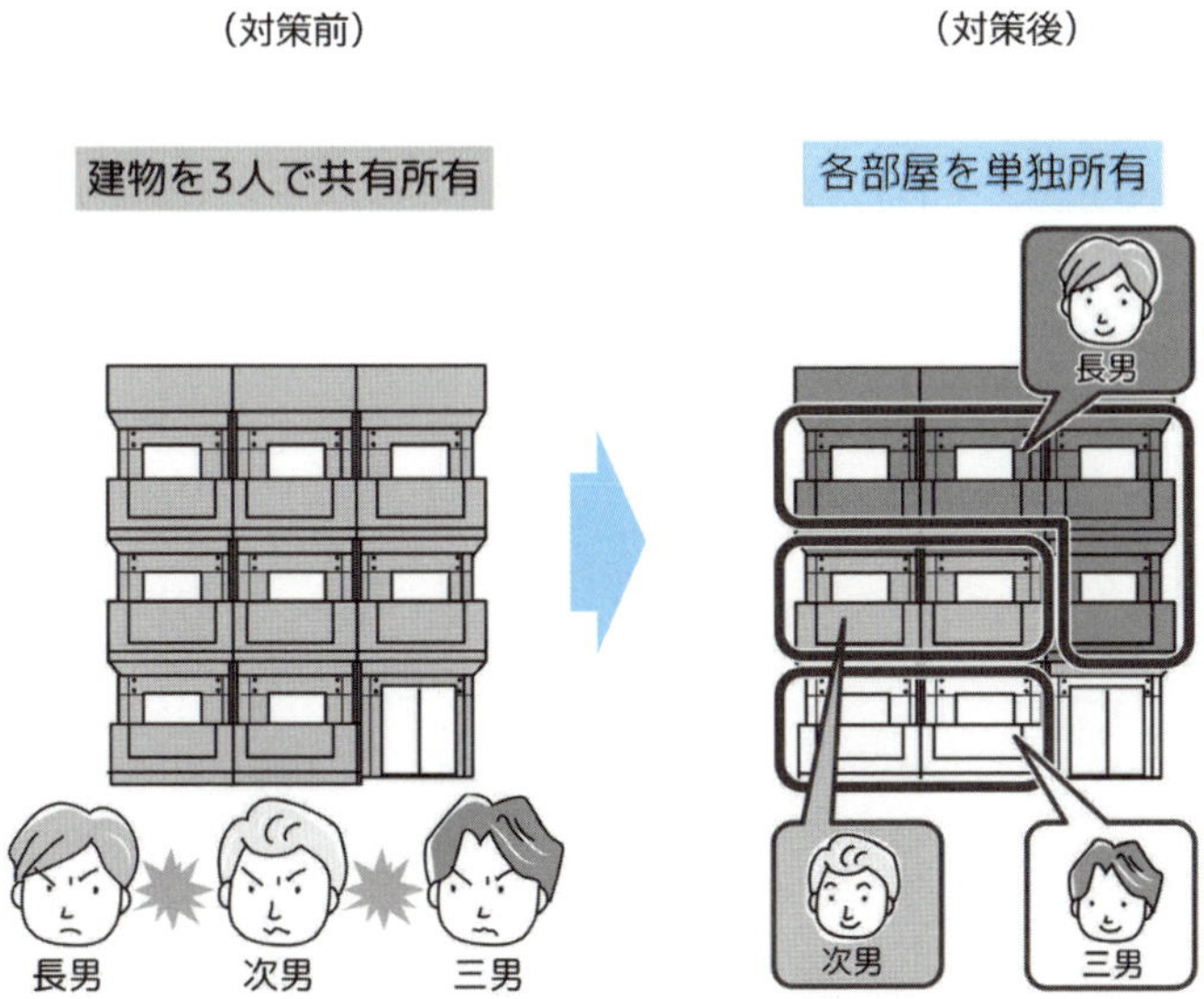

対　策	1棟共有名義から、各戸ごとの区分所有へ
資産価値	4500万円（1棟のうち共有持分1/3）➡ 約9000万円（1棟9室のうち区分所有3室）
経費	110万円(区分所有登記費用、管理規約作成費用)

お客様

相続により、兄弟３人で不動産を1/3づつ共有
現金化したい人、保有したい人等希望が分かれ、
トラブルになっている

結　果

換金性アップ　兄弟関係の改善

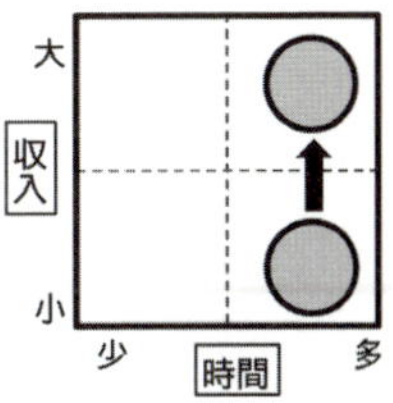

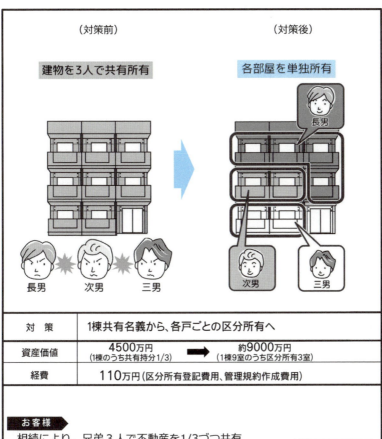

被相続人であるお父様には３人の息子様がいらっしゃいました。相続対策を考えた時期はバブルがはじけた直後でした。

お父様は息子達の相続税の負担を少なくしておきたい、将来の収入源を確保しておきたいと相続対策を考え、金融機関から借り入れをし、鉄筋コンクリート造の賃貸マンションを建築しました。

新築後、マンションは満室となり賃料収入が希望通りに入り、お父様はこれで息子たちの将来も、納税資金も安泰だと安心しておられました。

15年後、お父様が亡くなった後、３人は遺言通りに共有名義でマンションを相続しました。

お父様の思い通り、相続税評価額が下がり、節税効果がありました。しかし、相続発生時は築後15年、そのころ入居者の嗜好は新築時代とは変わっていたのです。

実はこのマンション、昔人気のあったコンクリート打ちっぱなし風のマンションなのですが、相続が発生した時期には以前ほどの人気はなくなっていました。

これに加え、建物や設備には不具合が生じ始め、修繕費用の負担が大きくなり、以前のような満室状態は保てず、賃料収入も大幅に落ちていたのです。

結果的にお父様が「仲良く兄弟たちがやっていけるだろう！」と思って作ったものが、共有がゆえに意見が割れてしまう事態となりました。

お兄さんは比較的お金に余裕があり、「将来のことを見据えて修繕もきちんとしていった方が良い！」という考えです。

次男はまだ子供が小さくて学費もかかり、自身の収入も安定しないため、「修繕費をかけるなんてとんでもない！」と主張します。

さらに三男は、マンション経営に興味がなく、将来のために売却して現金で分けたい、という希望です。この3つの意見がまとまるわけもなく、お父様が遺した資産が、逆に兄弟仲を悪くする原因になってしまいました。

そもそも共有の持分・・・2人なら1／2と1／2で、3人だったら1／3と1／3と1／3という持ち分で引き継ぐから、意見が割れたときに各々の考えで資産活用ができないのが問題なのです。

1人が売却したくても他がその気がなければできませんし、大規模な修繕も所有者の過半数の合意がなければ難しくなります。

共有不動産の解決方法

A氏 1/3
B氏 1/3
C氏 1/3
一筆の土地を 3 人が持分 1/3 ずつで所有

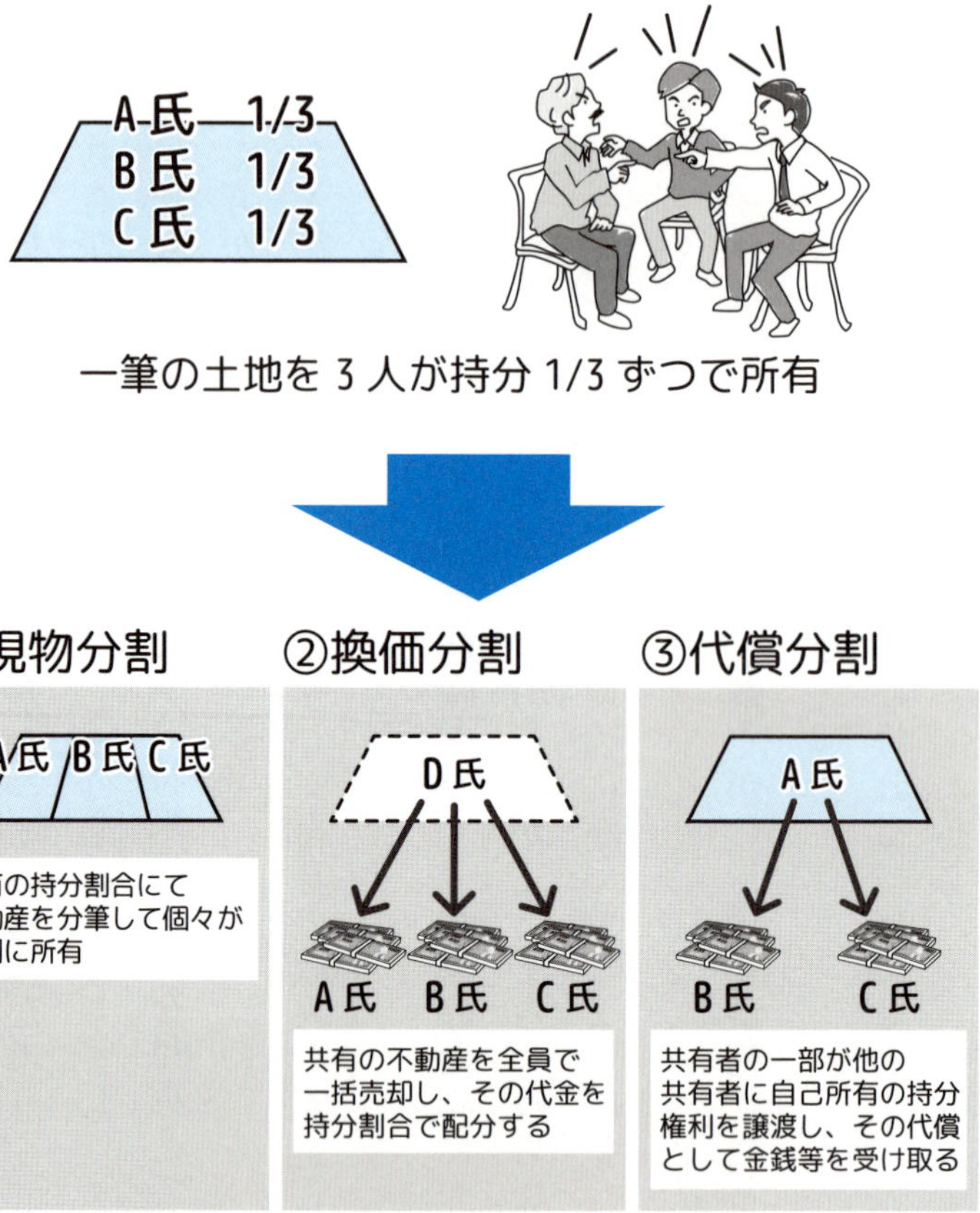
①現物分割
共有の持分割合にて
不動産を分筆して個々が
個別に所有

A氏 B氏 C氏

②換価分割
D氏
A氏 B氏 C氏
共有の不動産を全員で
一括売却し、その代金を
持分割合で配分する
③代償分割
A氏
B氏 C氏
共有者の一部が他の
共有者に自己所有の持分
権利を譲渡し、その代償
として金銭等を受け取る

※①は、不動産の形状・面積・道路状況等により
分割不可能な場合もあります。
マンション共有の場合は、土地の敷地権登記を行い、
フロア・各戸ごとの区分所有とする方法などがあります。

以上の理由からも不動産はできるだけ共有で持つべきではないのですが、既に共有となっている場合には次のような解決方法があります。

①現物分割　土地は分筆、建物は区分所有
②換価分割　売却し、現金で分ける
③代償分割　1人の所有者が他の所有者持分を買取る

今回のケースで当社の提案した解決方法は、兄弟がそれぞれの部屋を単独所有し、土地は共有する、つまり分譲マンションと同じ様な持ち方をする方法です。そうすることによって揉めごとや責任の範囲が明確になり、収入もそれぞれの部屋に帰属する形になるためトラブルが解消されます。

なおかつマンションの持分を売却するとなると価格が大幅に下がってきますが、マンションの1部屋であれば分譲マンションと同じように扱うことができます。

また、このような所有形態とした場合には、分譲マンションと同じような形で、管理規約をきちんと作ること、修繕積立金制度を作ることをおすすめします。分譲マンションが一世帯ごとに修繕費を積み立てている様に、いくら兄弟とはいえ後々の修繕費にともなうトラブルを回避するためにも、分譲マンションと同じような形で積み立てていくことが重要なのです。

このような所有形態の登記の方法に戸数の下限は無く、極端な話、2部屋でもそれぞれ単独所有とすることができます。ワンフロアごとに所有者を変えることも可能です。

☆税理士のワンポイント

相続税の優遇規定で皆さんがご存じなのが「小規模宅地等についての相続税の課税価格の計算の特例（措置法69条の4）」と「配偶者に対する相続税額の軽減（措法19条の2・32）」だと思います。

この二つの共通点は、申告要件（適用するためには期限内申告が必要）と分割要件（その適用部分に関しては分割していなくては適用できない）があります。

遺産分割ができずに、申告期限を超えてしまうと、一度「未分割の申告」が必要になり、ここでは規定の適用がないので一回納税することになります。分割ができた後還付を受けるという流れになります。

そのため税理士から「適用のために期限までに分割しないと税金が出ますよ」と言われ、持分での分割をすることがありますが、その安易な考えが後の大問題を引き起こすこともあります。

コラム

『“お金が貯まる”不動産活用の秘訣』

読者成功事例②

品川区　W様

築80年になる賃貸アパートを持っており、耐震性や安全性にも問題があるので、建替えたいと思っていました。しかし入居者さんたちは長く住んでくれていて、子供の頃から知っているので、なかなか「退去して」とは言いだせませんでした。

市萬さんにどうしたらよいか相談したところ、「耐震性が低いのでやはり建替えしかない」という結論になりました。一番心配していた入居者さんの立ち退きを円滑に調整してくれたので、その点がとてもありがたかったです。

建替えについてはアパートではなく店舗のプランを出していただきました。今までアパート運営の経験しかないので、どんなお店が入るのか不安もありましたが、「テナントを決めてから建てる」ということで、先に募集をしていくつかの候補から保育園に決めました。街の人たちからも「町がにぎわっていい、ありがとう」「うちの孫が保育園に入れた」と喜んでもらえました。建てて貸しているだけなのにお礼を言われて、嬉しいけれど面はゆいような気持ちです。

市萬さんには管理もお任せできて、安心でラクになりました。これからもずっとお任せしたいと思っています。

【担当コンサルタントからの一言】

築古の建物に不安があり、耐震診断を行ったところ、数値が悪かったため、取り壊して建て替えたいということになりました。細長い地形であり、どのようなテナントが誘致できるのか予想が難しかったので、建築前募集を行いました。

建物一部利用の小規模店舗の希望が多く、募集には1年近くかかりましたが、1棟賃貸を希望する保育園から打診があり、契約内容を精査した上で誘致を決定しました。長期間の安定した事業となり、オーナー様のみならず地域の皆様にも喜んでいただけました。

第3章

次世代に
不動産を安心して引継ぐために

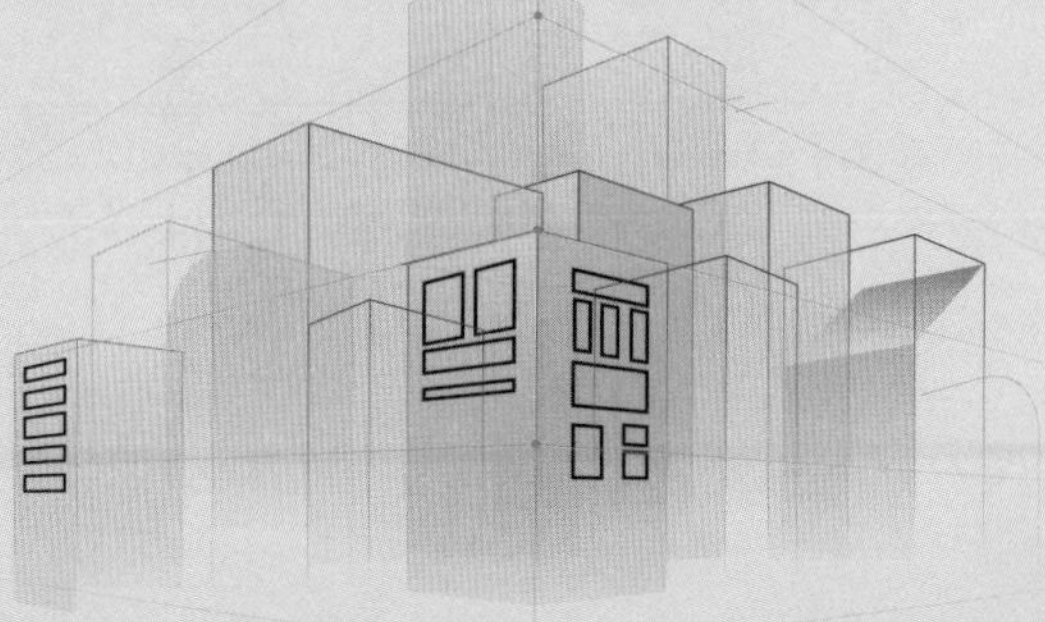

第3章では、「不動産要件」別の不動産活用法をお話しましたが、本章では、資産規模別の「人的要件」にポイントをおき、不動産保有者の方の資産バランス改善や、次世代への継承対策などに複合的に取り込み、思い描く人生を手に入れた事例をご紹介します。

こちらの活用対策は、資産規模だけでなく、家族構成やライフプランなど、それぞれ置かれた状況により変わってくるのが特徴です。その不動産保有者の方の背景によって、何が最適な方法か全く異なること、つまりこれをやれば成功するという「王道」はないというのが大きなポイントです。

1 資産規模別活用対策

パターン① 不動産資産総額1億円 親の家を引き継ぐ人

まず不動産資産規模で1億円前後の方です。例えば、立地の良い場所に自宅があり、自宅の他に何か不動産を持っている様なご家庭です。

親の家とアパート1棟程度を相続するケースや、駅から近い商店街にあるパン屋さん、果物屋さんなど、良い立地でご商売をされているケースも当てはまります。

万が一、相続が発生したとしても、心配するような大きな相続税額にはならないことがほとんどですが、実は最も相続に対して関心があり心配をされているのがこの層です。

不動産資産総額10億円以上であれば課税されることを前提とし、むしろ諦めて「なるようになれ！」と考えている方が多いのですが、資産1億円程度の方こそ、「税額はどのくらいなのか？」と大きな不安を感じているという実情があります。

また、所有する不動産が少ないからこそ「守り抜きたい」「次に継がせたい」という思いが強いのも特徴です。しかしこの強い思いが失敗を招くこともあります。

・ご本人の思いが強すぎて、本来なら施設や病院に入って療養した方が豊かな人生を歩めたはずなのに、自宅で不自由な生活を余儀なくされているケース。
・税金を安くするために子供に生前贈与を行っており、その後病気に罹り手術をしなければならなくなったとき、現金が必要でも手もとにないケース。

これらは資産を守るために無理をしたため、後々うまくいかなくなったケースです。

おそらく先祖伝来の土地を所有されていたり、どうしても守らなくてはいけない事情のある方は少ないと思います。1億円の資産規模では、対策の選択肢は限られていません。「守る」意識が強すぎても良いことはありません。

あまり無理をしないこと、老後をゆったりと過ごせることを優先し、自宅以外は余ったら遺す、くらいで充分なのではないでしょうか。

当社でご相談を受けたケースでいえば、オーナー様はご自宅としてマンションを所有しており、別に相続した実家の戸建を所有されていました。

ご実家の戸建はご両親が亡くなってから2年以上未使用ということでした。お子様の大学進学が近づき、その費用を補填するため実家を貸し出そうとしたところ、もともと古い建物だったため損傷が激しく、またシロアリも発生しており、とても第三者に貸せる状態ではありませんでした。

年間20万円の固定資産税も負担となっていたのですが、先代から継いだ土地ということもあり、そのまま売却してしまうのも抵抗があったそうです。

【不動産資産規模１億】
使用しない実家を相続・・・どう使う？

（対策前）

相続した実家が未使用の状態

（対策後）

一部売却し建物を建築
収入アップと分割対策実現

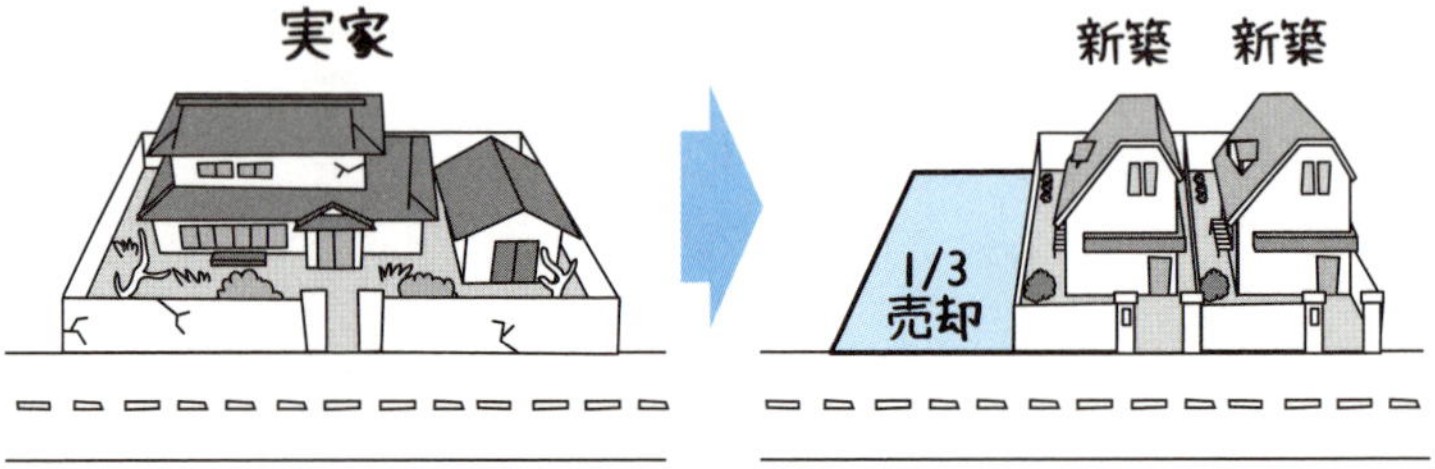

課　題	実家を相続したが利用しないまま放置されている 不動産資産は自宅（マンション）と実家のみ 実家の土地を手放すのには抵抗がある
対　策	一部売却による実家敷地の活用
相続税軽減額	250万円
キャッシュフロー	−20万円/年（固定資産税） ➡ +460万円/年（賃料収入−固定資産税）

お客様

東京都中野区の会社員
借入をせずに相続を受けた実家の活用をしたい

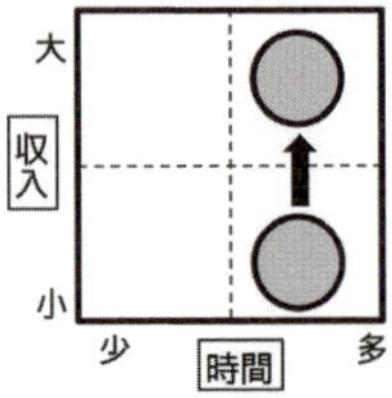

結　果

収入増 / 相続税軽減 / 資産価値・流動性増

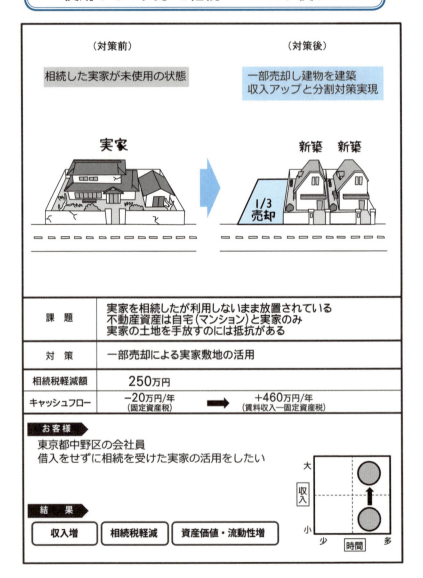

どうしようかと困っていたところで、金融機関からの紹介で当社へ相談に見えました。

行なった対策は、古い建物を解体して、90坪程度の土地を3分割に分筆することでした。そして3筆の土地のうち、1つだけを売却し、その売却したお金で残り2つの土地にそれぞれ戸建住宅を建築しました。

相続を受けてから3年以内の売却であり、相続税の取得費加算が利用できたため、譲渡税が減額されて手残りが多く、建物2棟は借入れ無しで建築することができたのです。

新築戸建は賃貸に出して、その賃料を2人のお子様の学費に充てることができます。将来的には2人のお子様に、戸建を1棟ずつ遺す予定です。

これまで古い戸建を空家として所有しているときのキャッシュフローは、固定資産税分がマイナスとなっていましたが、プラスに転じることができた上、相続税評価額も下げることができた事例です。

☆税理士のワンポイント

相続税が発生した方は、相続開始のあった日の翌日から相続税の申告期限の翌日以降3年を経過する日までに、相続により取得した財産を譲渡した場合には、納付した相続税の一部を経費（取得価額に算入）にできるという「相続財産に係る譲渡所得の課税の特例」（措置法39条）があります。

税制改正により、あくまでも売却した土地に係る部分の税金のみと、優遇措置が縮小されてしまいましたが、適用しなければ譲渡税がまるごと負担となってくるため、売却をご検討の場合には、相続税の取得費加算を考慮するべきだと思います。

パターン② 不動産資産総額10億円 アパート、駐車場等を複数所有する人

この層は都市近郊の農家の方が多くなりますが、銭湯、材木屋、ガソリンスタンド等、広い土地が必要な事業を営んでいて、現在は引退されて廃業してい

る方もいらっしゃいます。

10億円以上の不動産資産をお持ちの方にはまず資産の分類を行っていただくことをおすすめします（これについては178ページから詳しく説明しています）。土地の利用区画ごとに時価、相続税評価額、収益力、課題を一覧にまとめたシートを作成、収益性の低い不動産は活用方法の見直しや資産組み換えの検討を行います。

不動産を分類したところで、収益率の問題や第1章で解説した通り、相続税評価額が時価より高いなどの課題の洗い出しをします。そして、その一つ一つに対して解決策を用意していくのです。

基本的に10億円規模の方であれば、ある程度の相続税は発生するといってよいでしょう。

ちなみに10億円の資産があれば1回の相続につき2億円近くの相続税が見込まれます。

全てを引き継ぎたければ相続税分は資産で稼がなければならないのですが、これについては「資産を最大限有効活用できれば、可能性はある」程度で考えるべきではないでしょうか。

しかも、うまく活用できていたとしても、10年もすれば配偶者が亡くなる等、再度相続税が発生する可能性があります。

結局は、今の税制では減っていくのはやむを得ません。ですから思い切った対策よりは、今あるものを堅実により良くしていく、現実的な対策が重要です。


対策はあらゆる選択肢から選ぶことと、対策実施前に税引き後の手取りを試算することが重要です。

土地をお持ちですと、「アパートを建てませんか?」「マンションを建てませんか?」といった話が飛び込んできますが、建築会社が用意した事業計画書は将来予測が甘いケースが多いので注意が必要です。

銀行の貸出金利、家賃の見通し、修繕費、税金の見通しが実態と大幅にかい離しているケースがあります。

ある程度、将来の変化を見据えた、しかも税引き後の計画立案書をよく検討の上で進めなくてはいけません。

後から苦労しないためにも、**対策実施前にできるだけのことを行うことが収益を確保できる優良資産へと導く**のです。

パターン②の事例は、都内にお住いの資産家の方で、ご自宅の周辺に貸倉庫と駐車場、借地権の底地等を複数所有されているオーナー様です。

所有する資産の数は多いのですが、どれも収益力が低い上に、手間がかかり、キャッシュフローは常にマイナスという三重苦を背負われていました。

これまでは土地等を売却してキャッシュフローのマイナスを補填していましたが、それももう限界にきていました。

相続人である息子様からは「このままであれば相続は受けたくない」と見切りをつけられ、どうしようもなくなって当社に相談されました。

そこで行った対策は、資産の組み換えです。収益が見込めるもの、息子様が相続したくなるような資産にすることを考えました。

所有不動産全体の中で、個々の収益率を出してみると底地の利回りは1％（地

【不動産資産規模10億】
収益力が低い資産・・・どう使う？

（対策前）

所有する不動産の収益率が低くキャッシュフローが悪い

（対策後）

収益率が高い不動産に資産の立体的な組み換え

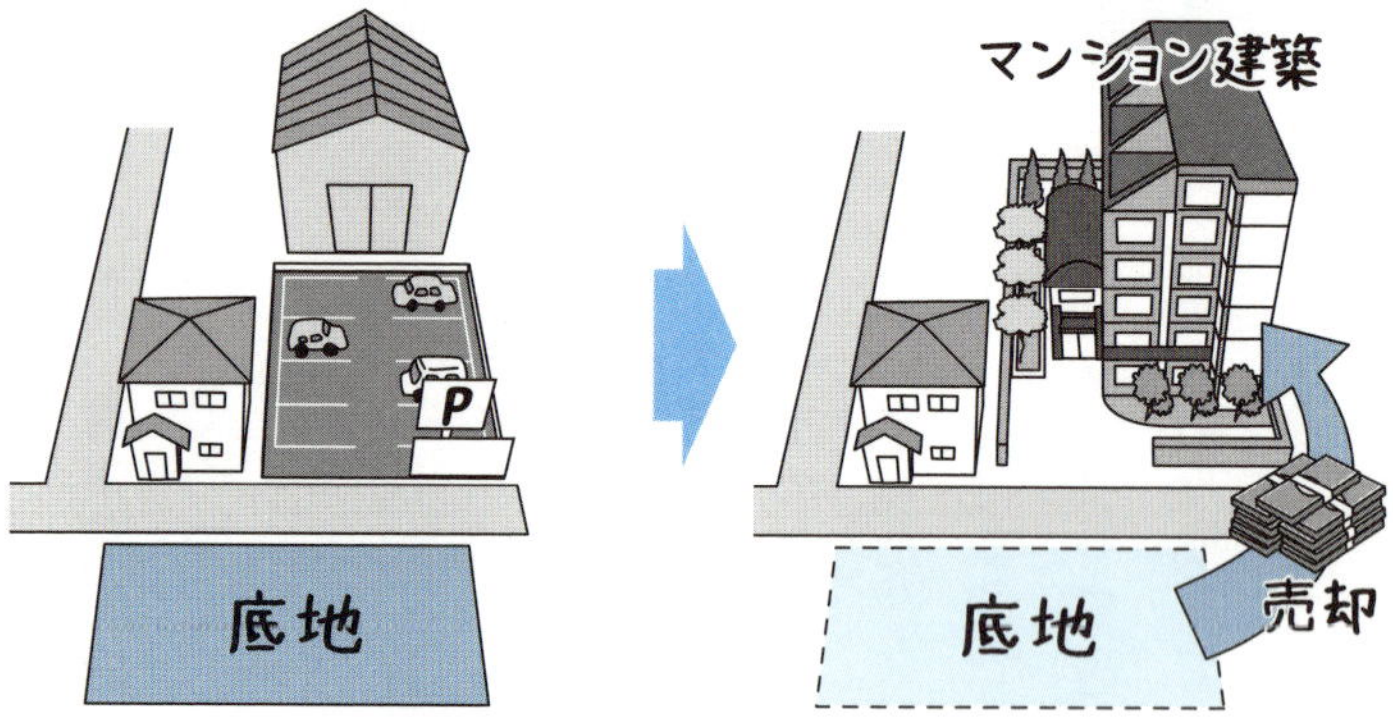

課　題	所有不動産の収益力が低い（底地、駐車場、倉庫） 管理に手間がかかっている
対　策	資産組み換えによるキャッシュフローの向上
相続税軽減額	2600万円
キャッシュフロー	−200万円/年 ➡ ＋2000万円/年

お客様

東京都世田谷区のオーナー様
収益力の低い底地を多く保有しているためマイナスになっているキャッシュフローをプラスにしたい

結　果

収入増　相続税軽減

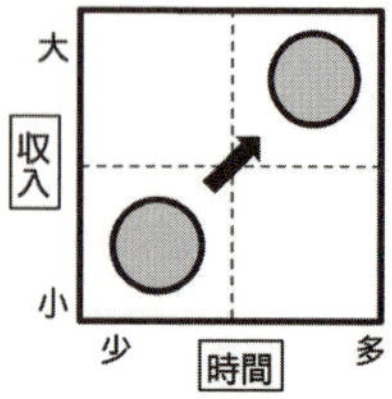

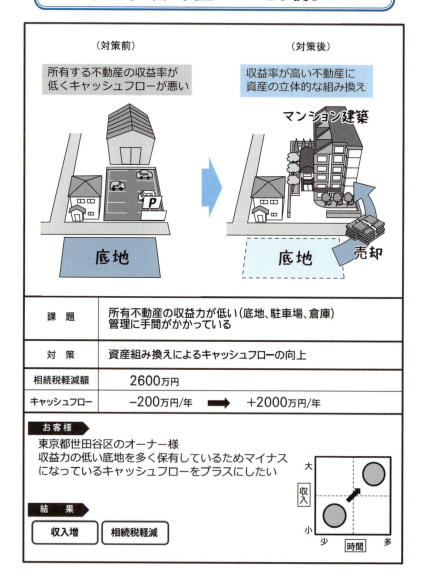

代÷土地価格)、貸倉庫は5%ということがわかりました。

まず、もっとも収益率の悪い底地は、売却して現金化することを選択しました。

その上で倉庫、駐車場の敷地を合わせて賃貸マンションを建築することにしました。底地の売却代金を自己資金として、足りない分は銀行から借入ました。

また収益率を確保するため、徹底的な市場リサーチを行った上で、マンションのプランニングを行いました。

具体的には将来の入居者ニーズの変化に対応できる間取り、構造にすることです。このマンションは、広めのワンルームをニーズに応じて、1LDKにコンバージョンすることを可能にしています。

マンションは結果的に竣工前に満室となり、以後入居率96%超を維持しています。

土地を賃貸マンションにする立体的な資産組み換えは成功し、キャッシュフローはプラスに転じることになりました。

また更地が賃貸物件になったことにより、相続税評価額も大幅に減額。その結果、相続税の資金繰りに慌てることがなくなり、生活に余裕ができました。

息子様も喜んで相続を受けるという話になり、一番の目的を果たすことができて当社の担当スタッフも喜んでいます。

☆税理士のワンポイント

所得税率が高い人の場合、1800万円超の所得があれば50%、900万円超でも43%も税金（住民税込み）を支払っています。つまり稼ぎの半分近くが税金に流出しているということになります。

そこで考えるのは経費を有効に使うことです。自主管理から管理委託に切り替えて、たとえ年間100万円を払ったとしてもそれが費用計上できるため、実質負担は出した金額の半分の50万円で済みます。

管理委託費を払わなかったとしても50万円は税金で流出していきますから、実際の負担額は軽減されるということです。

高税率の方は税負担が半分近くを占めるため、必要な経費を支払っても税引後のキャッシュフローで考えれば負担は半分になります。そのため、必要な経費ならば積極的にお使いになるのも一つの方法かと思います。

ただし、無駄な経費の出費は、キャッシュフローの悪化を招くので、当然のことながら控えるべきです。

パターン③　不動産資産30億円
畑、アパート、ビル、駐車場等を所有する人

不動産投資総額30億円規模の資産家の方の中には、昔からの日本の典型的な土地持ち＝農家の方が多くいらっしゃいます。

この層の方は畑やアパートやビルや駐車場などを複数所有されています。

そして、ご両親が相続税で相当苦労し、資産を手放しているのを見ていて、「自分のときも結局売るしかないだろうな」と、対策前から諦めていることがよくあります。

ある程度は納税のために資産が減っていくのはやむを得ませんが、やはり対策をしておかないと、必要以上に資産を減らしてしまうことになります。

複数の不動産を保有している場合は、資産の組み換えをすることによって収

益の改善につながったり、相続時に役立つことがたくさんあります。

この層のように不動産が多数あると全体像が見えず、逆に「何をして良いかわからない・・・」となり、メーカーや建築会社に言われるまま賃貸マンションに偏った対策をされるケースが多くあります。

しかし、そんなに多くの賃貸マンションを相続したお子様たちが管理していけるでしょうか。

不動産が多くある場合には、**何を、誰に、どのような形にして引き継いでいくかが重要**になります。

不動産資産総額10億円の方、30億円の方いずれも「資産の棚卸から分類」という作業をしていく必要があります。

ご紹介する事例は、郊外の地主様で奥様と娘様2人の4人家族です。

自宅のほかにアパート、資材置場、駐車場、未使用の更地等々多くの不動産を所有されていました。

相続税を試算したところ、5億円の相続税が想定されていますが、資産のほとんどが不動産のため、「納税資金の用意がなく不安」ということで、当社へ相談がありました。

ご希望はきちんと納税できること、それから相続人が娘様になるため、負担の大きい不動産は相続させたくないということでした。

これだけの規模であれば、昔なら婿をとって夫婦で不動産を守っていましたが、今はそういう時代ではありません。

下の娘様のご主人が転勤族ということで、賃貸不動産を管理するのが難しいという生活の事情もあります。お子様の実情に合わせた不動産に仕立てておく必要があるのです。

そこで資産を整理して、相続税の評価額を落とせるものは落とすこと、収益力をあげられるものは対策を実施すること、負担の大きいものは現金化すること、相続人ごとに合わせた形に組み換えていくことになりました。

その結果、アパートは立地等の条件から、効率的に収益力アップをはかることができるものだけを厳選して残し、残りは別の活用法を提案しました。

【不動産資産規模30億】
資産多数・・・どう分ける？　どう納税する？

（対策前）

多数の不動産を所有
誰に何を相続したらよいか不明

（対策後）

納税資金確保のための収益アップと相続人に合わせた資産形成を同時に実施

課　題	多額の相続税の納税に不安がある 所有不動産が多く、どのように相続していいかわからない
対　策	資産の整理、組み換えによる収益力アップと相続人に合わせた資産形成
相続税軽減額	約3000万円
キャッシュフロー	1600万円/年 ➡ 3600万円/年

お客様

東京都練馬区のオーナー様
娘2人に財産を相続したいが、重荷にならないように対策をしていきたい

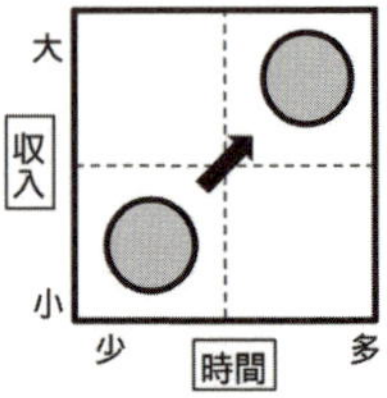

結　果

収入増　満室達成

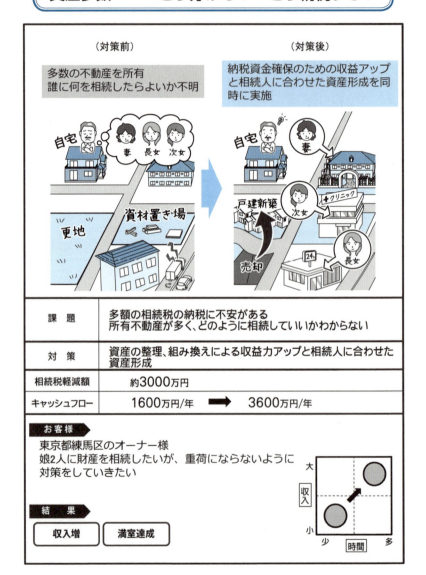

・自宅からも駅からも近いアパートは、奥様のセンスを活かして植栽を工夫し、雰囲気を良くして入居率アップを図る
・大通り沿いで騒音があり、入居率の低かったアパートは取り壊してコンビニエンスストアを誘致
・以前投資用に購入した隣県のアパート3棟は管理に手間がかかるため現金化
・資材置場は定期借地を利用して医療施設へ賃貸（50年間の契約で、建物は借主が建築）
・更地は分譲地化して一部売却。一部には建物を建築し貸戸建として賃貸

更地やアパートの売却代金を造成費用および各物件の活用原資にあてることにより、現金の持ち出しや融資を受ける必要がありません。売却代金の残りは子供たちに相続予定です。

未利用の土地を活用することで相続税評価額が下がり、納税予定額が3000万円下がったのも大きな効果です。

また底地売却代金やアップした賃料収入は、納税資金として貯めることがで

き、将来の相続の備えも盤石となりました。合わせて相続時の分割の予定も立てることができます。

対策後の分割は次のように決めました。

・今後も自宅に住む奥様には自宅と自宅近くのアパート
・実家近隣に住んでいるがピアノ講師として忙しい娘さん（長女）には1テナントで管理しやすいコンビニエンスストア
・ご主人の仕事の関係で地元に戻ることができない次女には、ほとんど管理の手間がかからない医療施設
・別途分譲地内の土地も区画ごとに相続させる

このように納税の不安が減少し、かつ相続人の方も相続後の資産が、ご自身の持ちやすいものであることを喜んでいらっしゃいます。

☆税理士のワンポイント

不動産資産30億円くらいの方は相続税支払いの際に不動産を売却して対応するということが想定できますが、不動産の売却には事前準備が必要です。

不動産を売却する際には、その土地の境界をきちんと確定する必要があります。

しかし隣地との境界の確定時にトラブルが発生すれば、長い時間がかかってしまいます。また、分筆をする際には道路等の公共用地との境界を確定する必要があり、こちらも時間と費用がかかります。

相続が発生し、いざ売ろうと思っても、境界が確定できず、納税に間に合わないこともあるのです。

ですから、将来的に納税のために現金化を想定している土地があれば事前に測量をしておくことをお勧めします。

ただし、この層は何代も前から所有している土地をお持ちのことが多く、その土地の実際の面積が登記面積よりも大きいというケースがよくあります。

昔は測量技術が発達していなかったことはもちろんですが、これは一節になりますが、お百姓さんが年貢を納めるのに畑の面積で年貢の量が決められていたので、過少申告をしている人が多かったことも理由だと言われています。

測量をして面積が大きくなってしまえば、固定資産税や、相続税が増えることになります。このような可能性がある場合は、事前に専門家へ相談しましょう。

2 10億円、30億円の不動産資産を保有される方に不可欠な事前対策

10億円以上の不動産資産を保有される方であれば、事前対策が不可欠となります。最終的には**収益率を不動産資産の10％程度にすることを目指します。**

そのための第一歩として必要になるのが「資産の棚卸し・分類」です。

不動産の棚卸し・分類の手順

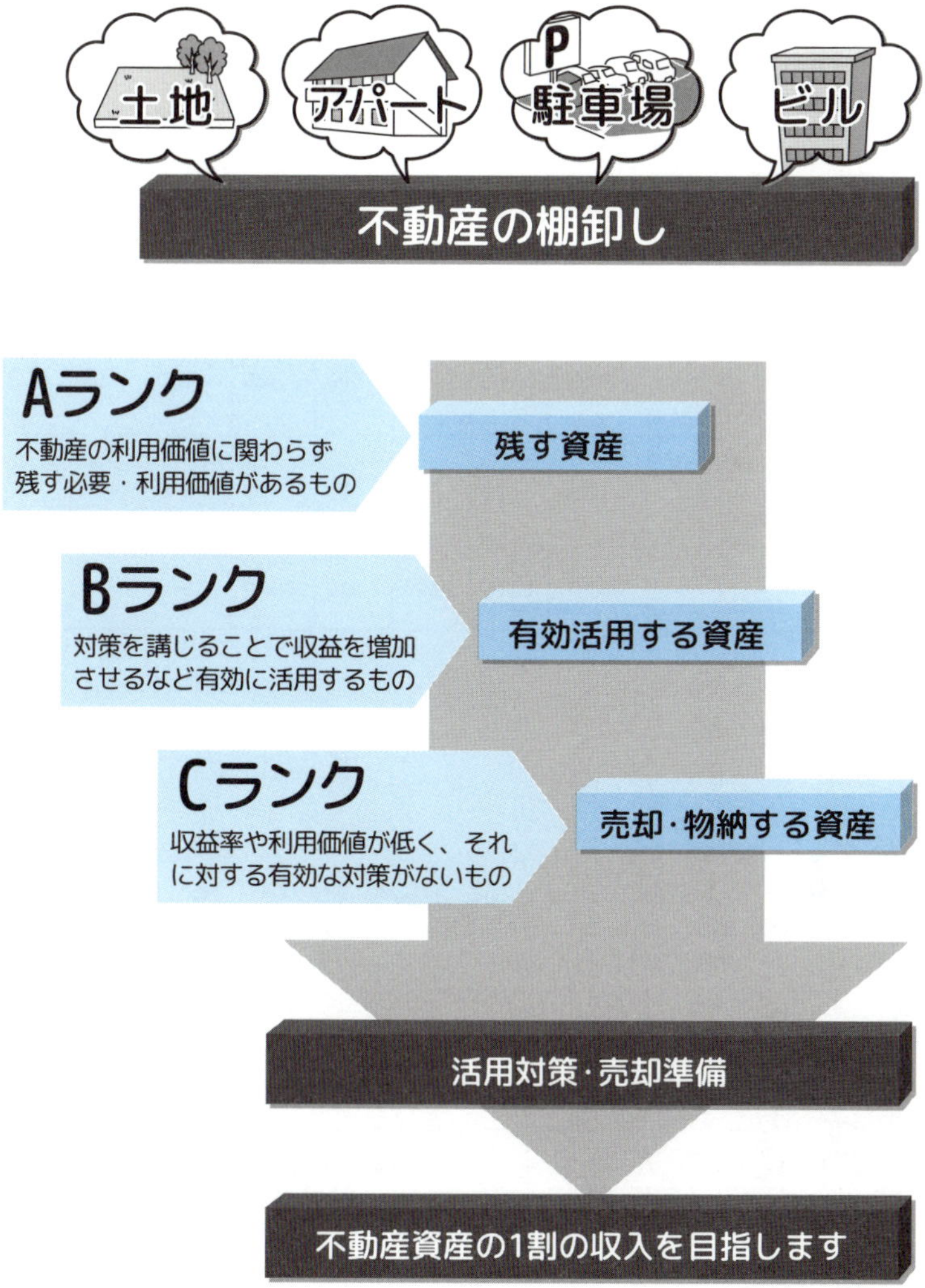
土地
アパート
P
駐車場
ビル
不動産の棚卸し
Aランク
不動産の利用価値に関わらず
残す必要・利用価値があるもの
残す資産
Bランク
対策を講じることで収益を増加
させるなど有効に活用するもの
有効活用する資産
Cランク
収益率や利用価値が低く、それ
に対する有効な対策がないもの
売却・物納する資産
活用対策・売却準備
不動産資産の1割の収入を目指します

資産分類のための利益率確認表（ROAシート）

所有する不動産でどれだけ収益を出しているか分析

			①	②	③	④	⑤	⑥	⑦	⑧	⑨
	利用状況	面積（㎡）	路線価（万円）	相続税評価額（万円）	借入金（万円）	収入（万円）	支出（万円）	収支（万円）④-⑤	借入金返済額（万円）	キャッシュフロー⑥-⑦（万円）	ROA ⑥/②
A	共同住宅 2DK×4	200	13	5,000	3,000	1,000	400	600	240	360	**12.0%**
		221.78	—								
B	駐車場 P8台	500	13	6,500	0	300	30	270	0	270	**4.2%**
C	共同住宅 3LDK×6	300	13	9,000	5,000	1,200	500	700	300	400	**7.8%**
		238.18	—								
D	ご自宅	300	31	15,000	0	—	60	−60	0	—	**—**
		200.00	—								
合計				35,500	8,000	2,500	990	1,510	540	1,030	**4.3%**

・残す資産…不動産の価値に関わらず、残す必要がある資産（Aランク）
・有効活用する資産…対策次第で収益増加が見込める資産（Bランク）
・売却する資産…収益率や利用価値が低く、有効な対策が取れない資産（Cランク）

このように資産を棚卸しして、その上で活用対策や売却の準備をし、最終的に不動産資産の1割の収入を目指すのが正しい手順です。

棚卸し・分類には資産の現状を確認する必要がありますが、そのためにこのような表で資産を分析することで現

不動産活用方法比較表

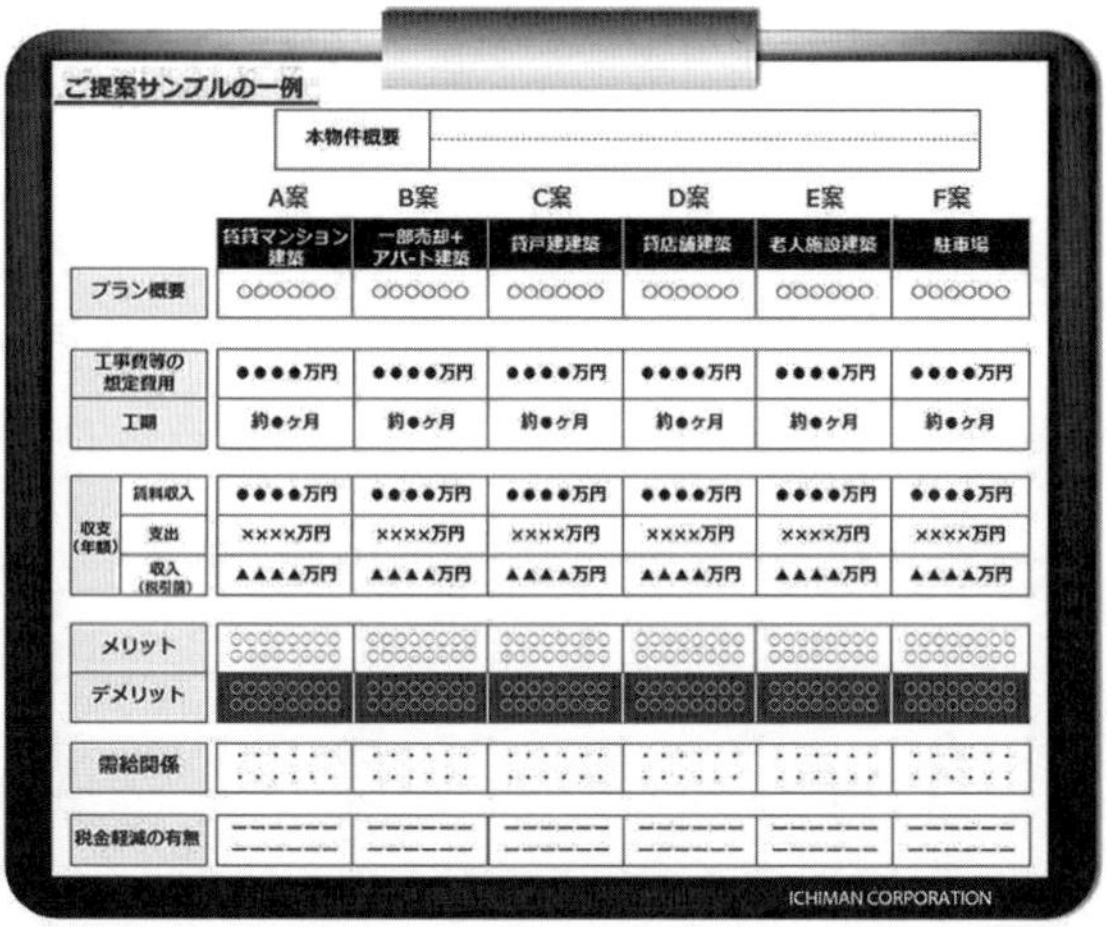

ご提案サンプルの一例

本物件概要	

		A案	B案	C案	D案	E案	F案
		賃貸マンション建築	一部売却+アパート建築	貸戸建建築	貸店舗建築	老人施設建築	駐車場
プラン概要		○○○○○○	○○○○○○	○○○○○○	○○○○○○	○○○○○○	○○○○○○
工事費等の想定費用		●●●●万円	●●●●万円	●●●●万円	●●●●万円	●●●●万円	●●●●万円
工期		約●ヶ月	約●ヶ月	約●ヶ月	約●ヶ月	約●ヶ月	約●ヶ月
収支(年額)	賃料収入	●●●●万円	●●●●万円	●●●●万円	●●●●万円	●●●●万円	●●●●万円
	支出	××××万円	××××万円	××××万円	××××万円	××××万円	××××万円
	収入(税引前)	▲▲▲▲万円	▲▲▲▲万円	▲▲▲▲万円	▲▲▲▲万円	▲▲▲▲万円	▲▲▲▲万円
メリット		○○○○○○○○ ○○○○○○○○	○○○○○○○○ ○○○○○○○○	○○○○○○○○ ○○○○○○○○	○○○○○○○○ ○○○○○○○○	○○○○○○○○ ○○○○○○○○	○○○○○○○○ ○○○○○○○○
デメリット		○○○○○○○○ ○○○○○○○○	○○○○○○○○ ○○○○○○○○	○○○○○○○○ ○○○○○○○○	○○○○○○○○ ○○○○○○○○	○○○○○○○○ ○○○○○○○○	○○○○○○○○ ○○○○○○○○
需給関係		・・・・・・ ・・・・・・	・・・・・・ ・・・・・・	・・・・・・ ・・・・・・	・・・・・・ ・・・・・・	・・・・・・ ・・・・・・	・・・・・・ ・・・・・・
税金軽減の有無		ーーーーーー ーーーーーー	ーーーーーー ーーーーーー	ーーーーーー ーーーーーー	ーーーーーー ーーーーーー	ーーーーーー ーーーーーー	ーーーーーー ーーーーーー

ICHIMAN CORPORATION

状を正しく把握することができます。

その上であらゆる選択肢から最良の方法を選択することも、資産を活用するときに欠かせないポイントです。

人間がそれぞれ違う顔や体を持ち、1人として同じ人間がいないのと同じように、**不動産にも1つとして同じものがありません。**

またそれに対する所有者の思いもすべて異なります。

ですから、その**活用について最良の方法にも、1つとして同じものはない**のです。

土地や人、それぞれの条件や将来への希望を元に、何をすれば最大限土地の価値を上げられるのか、不動産所有者の方の目的を達せられるのか、関わるすべての人たちが納得するまで検討し、選択していくことが重要です。

例えば、各活用方法をこのように一覧表で比較検討すると、何が一番良いのか一目瞭然です。

不動産活用はやってみて失敗だったからやり直す、ということが非常に難しい事業です。金銭的なものだけでなく、その地域にとってもマイナスになる可能性もあります。

つまり、収益性だけでなく、次頁の図に示すようにいかにリスクを少なくできるかということも考える必要があるのです。

市況が読みづらい現在では、慎重かつ柔軟な発想が成功の決め手となります。**また時には「何もしない」のが最良の選択となる場合もあります。**活用するためには「建てて貸さなきゃだめ」という固定概念を外し、あらゆる選択肢を検討するのが成功への近道です。

リスクの少ない不動産活用方法

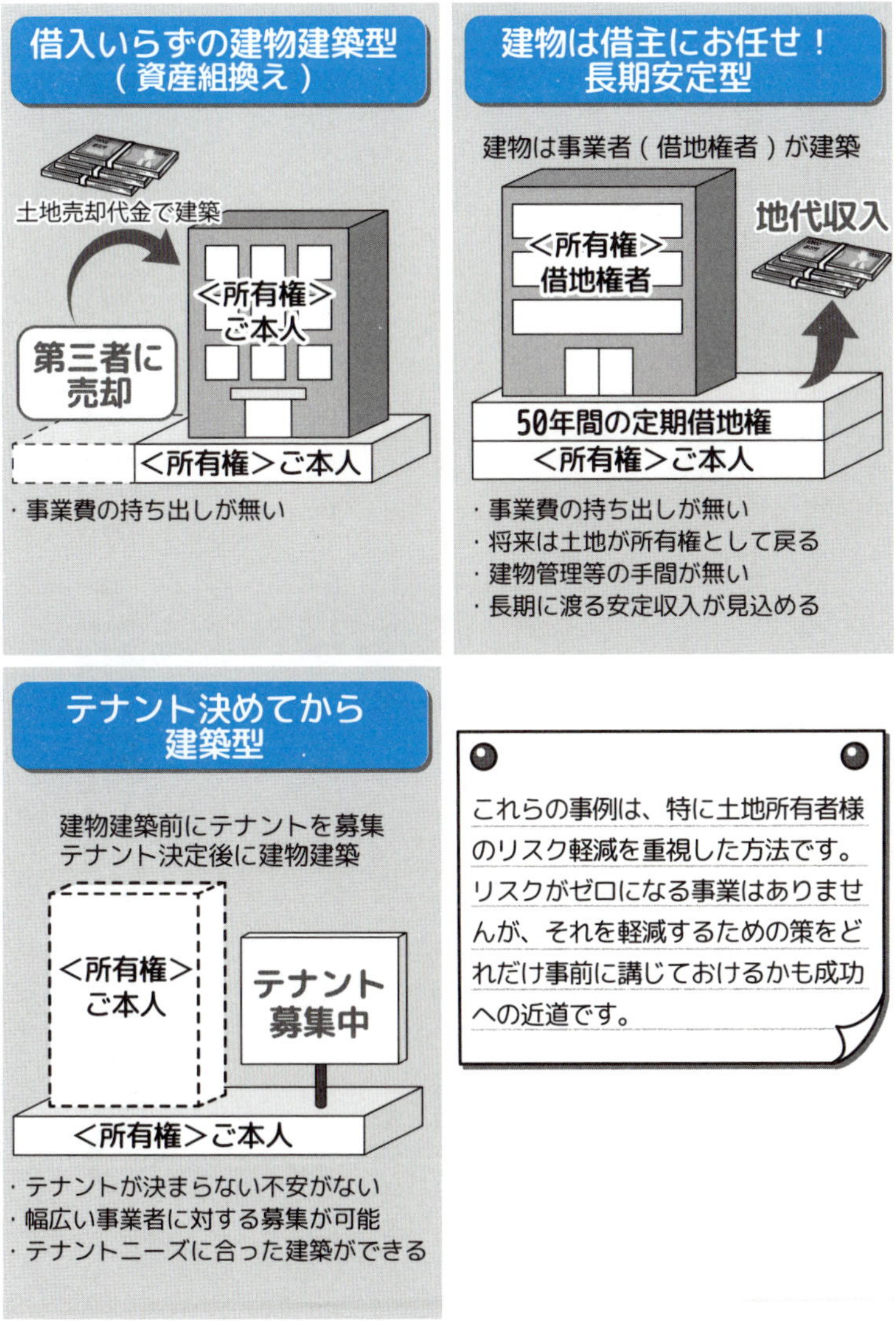
借入いらずの建物建築型
（資産組換え）
土地売却代金で建築
第三者に
売却
<所有権>
ご本人
<所有権>ご本人
・事業費の持ち出しが無い
建物は借主にお任せ！
長期安定型
建物は事業者（借地権者）が建築
地代収入
<所有権>
借地権者
50年間の定期借地権
<所有権>ご本人
・事業費の持ち出しが無い
・将来は土地が所有権として戻る
・建物管理等の手間が無い
・長期に渡る安定収入が見込める
テナント決めてから
建築型
建物建築前にテナントを募集
テナント決定後に建物建築
<所有権>
ご本人
テナント
募集中
<所有権>ご本人
・テナントが決まらない不安がない
・幅広い事業者に対する募集が可能
・テナントニーズに合った建築ができる
これらの事例は、特に土地所有者様
のリスク軽減を重視した方法です。
リスクがゼロになる事業はありませ
んが、それを軽減するための策をど
れだけ事前に講じておけるかも成功
への近道です。

3 相続税対策と相続対策は違う

相続対策と相続〝税〟対策は根本的に違うものです。

相続対策が相続税対策とイコールになったのは、ハウスメーカーや建築会社が自分たちの商品を売るために「節税」を売りにして、どんどん広告を出したためです。

相続対策＝税額を低くする

という風にすり替わっているのです。

しかし実は相続においてもっとも問題になるのは、遺産分割によるトラブルです。

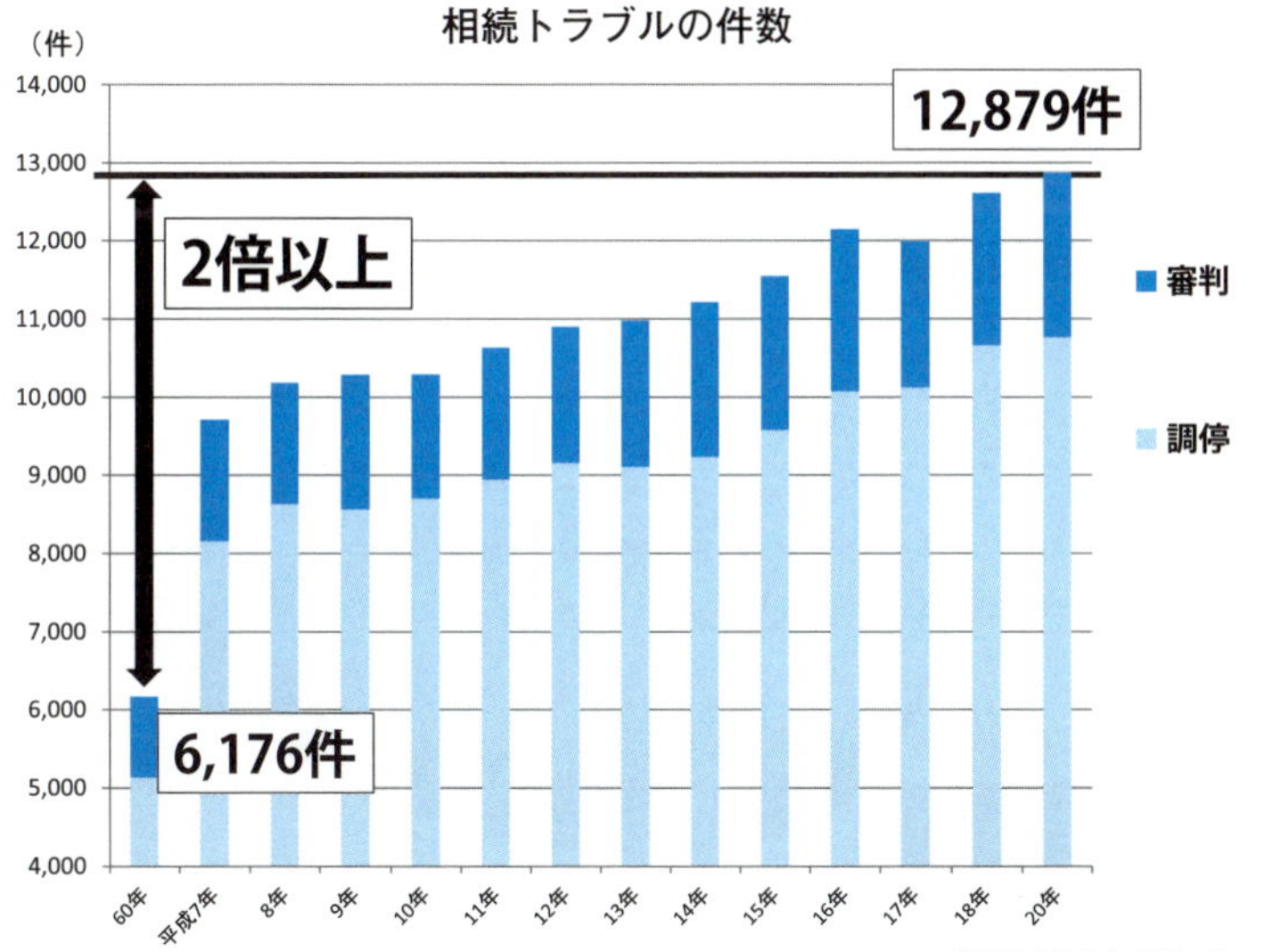

「司法統計年報」より

上のグラフのように相続のトラブルが発生して年々、調停審判が増えています。結局のところ、相続対策で一番大事なのは、分割を円滑にすることです。

親御さんの介護の偏った負担が、亡くなった後に子供の間で不満となってトラブルとなるという例もよく聞きます。また日本人の資産構成は約52%が不動産です。うまく分割できない土地であったり、あるいは大きなマンションを建ててしまい、偏った不動産の分け方になってしまっていることもあります。

実際問題、不動産は分けることが難しく、またそれぞれに想いが生じてく

日本の平均的な資産構成

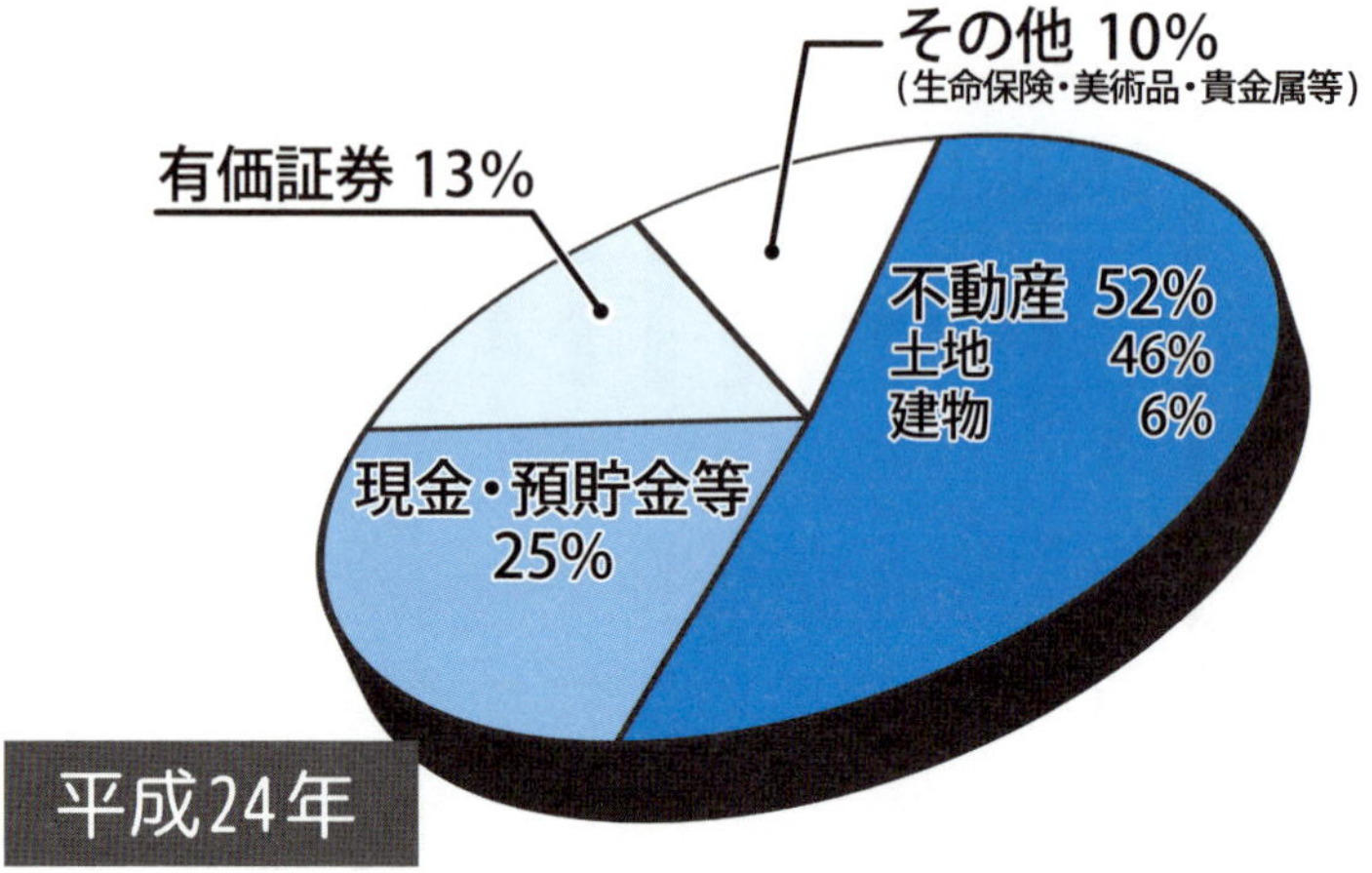

「平成24年 国税庁統計情報」より

るため相続人の争いにつながりやすいものです。

きちんと分けられて、きちんと納税できることが第一です。その上でできるところは節税していくのが正しい順序になります。

☆税理士のワンポイント

不動産をはじめとする相続財産を、分割できるように準備していても「誰がどこを受け継ぐのか？」で揉めることもあるため、皆さんもご存知のように遺言書は事前対策として不可欠なものになってきています。

主な遺言書には特に書式の規定のない「自筆証書遺言」と、法律の専門家に作成を依頼する「公正証書遺言」があります。

手軽さでいえば、故人が自筆で書く「自筆証書遺言」ですが、様式不備で無効になる場合や、偽造や書き換えによるトラブルが起きやすいと言われています。

対して「公正証書遺言」は証人2名の立ち会いが必要となり、費用もかかりますが、法律的に規定を満たした公式な書類となります。

同じものを3通作成して、正本と謄本の2通を受け取ることができます。原本は公証役場に保存されるため安心です。

なにより親にとって不幸なのは、自分が死んだ後に子供同士に争いが生じることではないでしょうか。そのためにも遺言書の作成をお勧めします。

4 相続対策

次に実際に相続対策について解説していきます。

これは、「分割対策」→「納税対策」→「節税対策」の3ステップとなります。不動産保有者の方であれば、ついつい節税に目を奪われがちですが、もっとも基本になるのがステップ1の「分割対策」となり、その後「納税対策」、「節税対策」が続きます。

それでは順を追って説明しましょう。

ステップ1 「分割」分けるための事前対策

何度も繰り返しになりますが、「相続で一番大事なのは、資産を相続人にきちんと分けられるか」ということです。残された相続人が一番困るのはそうでない場合です。

相続税制にも様々な特例や控除がありますが、そもそも遺産分割協議が申告期限（被相続人が死亡したことを知った日の翌日から10ヶ月以内）までに整っていなければ使えません。

この10ヶ月でゼロから行うのは難しいのです。**少なくとも、「分割対策」は、事前にしておく必要があります。**

ステップ2　「納税」納税対策に必要なのは現金

分割の準備ができたら、次は納税対策を進めていきましょう。

実際に相続が発生したとき、特に10億円以上の資産規模がある方は、億単位の納税の可能性が出てきます。

相続〝税〟対策といえば、不動産評価減や借入による債務増によるものが一般的になっていますが、**一番大事なのは現金**です。現金を持ち合せている場合は良いのですが、概して現金の持ち合わせが少ないことが多くあります。その場合には最終的に物件を売却せざるを得ません。

その結果、売却で苦労したり、あるいは納税のための借入や延納の手続きが必要になってきます。

なお相続税納付のために行う金融機関による借入は、経費に算入できません。税引き後のキャッシュに対して、さらに税金を納める二重の負担となり、キャッシュフローをさらに悪化させてしまうことにもなりかねません。よほどのことがない限り、納税のための借入は避けた方が良いでしょう。

あとは物納という方法も選択肢としてありますが、現在は縮小の傾向にあるため、対策としては不安要素が残ります。

結果として納税用の現金を準備することが非常に重要なのです。つまり相続対策の2つ目は**「納税資金の確保」**になります。

不動産の売却以外で現金を増やすには、不動産の収益力を上げるしかありません。

もちろん、収益力のある不動産であれば、相続人にとっても嬉しく、相続したい不動産となるわけです。

ステップ3　節税対策

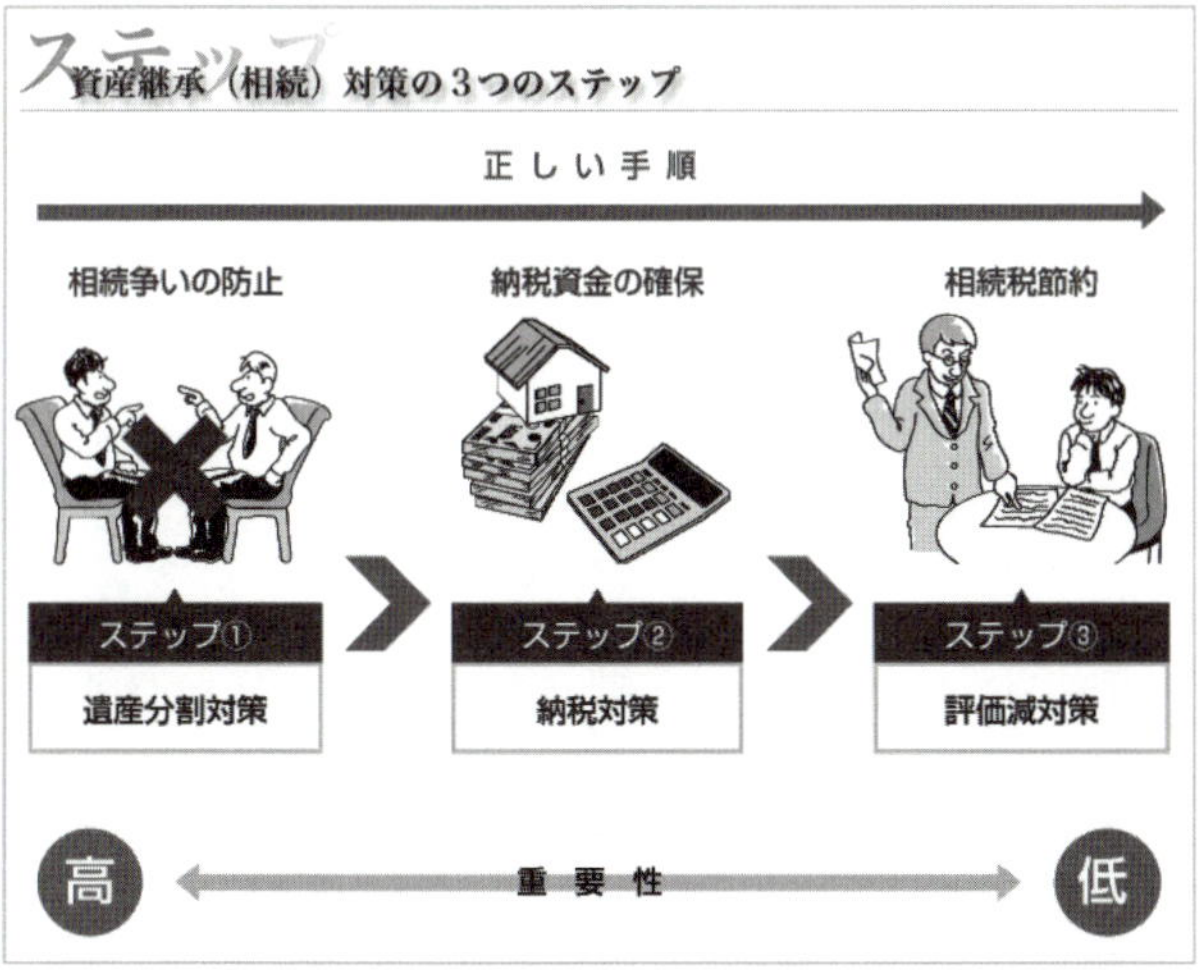

資産承継（相続）対策の3つのステップ

最後に「節税対策」をして税金を安く抑えていくことです。このことばかりがクローズアップされがちですが、ステップ1、2を飛び越えてくるものではありません。

節税だけを考えて大きなマンションを建てても分割が上手くいかない、あるいは市況の悪化の波を受けて、持っていた現金まで吐き出すことになってしまっては本末転倒です。

将来の相続が負の資産!?

また、誰にどのように分けるかを考えるときに重要なのは、相続人にとって資産継承が負担にならない形にすることです。

これまで出し手側の話ばかりですが、次世代に安心して引く継ぐためには、実は受け手側（相続を引き継ぐ側）も考えなくてはいけません。

今は少子化により、相続人が奥様とお子様1人のケースも多くあります。お子様が女性だったり、遠方にお住まいであれば、古いアパートを相続しても困ってしまうだけです。

現実に「アパートなんて手間暇がかかるからもらいたくない！」というお子様もいらっしゃいます。負債もある上で、キャッシュアウト型の収益物件となれば、「いらない！」となるのも当然のなりゆきとも言えるでしょう。

運営能力の部分で相続資産が相続人の負担になることがある、ということもよく考えておきましょう。とくに外に嫁がれている女性のお子様でしたらなるべく手間がかからないようにしておいた方が良いのではないでしょうか。

その場合は、自宅近くの管理のしやすい不動産に組み換えることなども考えて行く必要があります。くれぐれも将来の相続資産が負の資産であってはいけません。

5 揉め事解決・事前予防は親の仕事

不動産には隣地との揉め事や、今までのしがらみを引きずってマイナス要素をかかえているものもあります。

それをマイナスのまま引き継いでしまえば、あとあと苦労するのは引き継いだ方ということになりかねません。

当事者同志では解決できることでも、代替わりしてしまえばややこしくなりがちです。あるいは「過去の経緯が不明で解決ができない」こともあります。揉め事解決・事前予防は親の仕事です。不動産をめぐるトラブルには次のものがあげられます。

・境界トラブル

境界で揉めれば裁判になることもあります。また境界が決まらなければ売却や物納ができません。早めに解決するためには、事前に測量を行っておく必要があります。

・低額賃料

古い時代に貸したままの戸建やアパートの住人には高齢者の割合が高くなりがちです。何十年も前の家賃設定のままであれば、現在の家賃相場からかい離して、著しく安くなっていることもあります。

その際に気をつけなければいけないのが立ち退きです。建替えたり、大幅なリフォームをしたいとき、家賃が低ければ低いほど、立ち退きをしていただきたいと考えるのはもっともですが、実は家賃が低いほど立ち退き費用が高くなる可能性があります。

例えば、家賃相場が10万円のところへ4万円で入居していると、立ち退いた場合には、同程度の家賃では他に住む部屋が見つかりません。そのため10万円と4万円の差額の何年分かの保障をしないといけなくなってしまうのです。最悪の想定ですが、家賃4万円の一戸建を立ち退いてもらうのに、数百万円程度のコストがかかることもあります。

そうなれば、負の資産でしかありません。これは裁判をするのではなく、時間をかけて相手と話し合いながら、解決する必要があります。より早い対策が必要です。

・借地権の底地

そもそも戦時中に立法された借地借家法は「借家人を守る」ためのもので今の時代に必ずしも合っているとは言えません。

借地権の解消方法

解決策1　借地権者に底地売却し、借地権者が所有者となる

解決策2　借地権者から借地権を購入し所有権にする

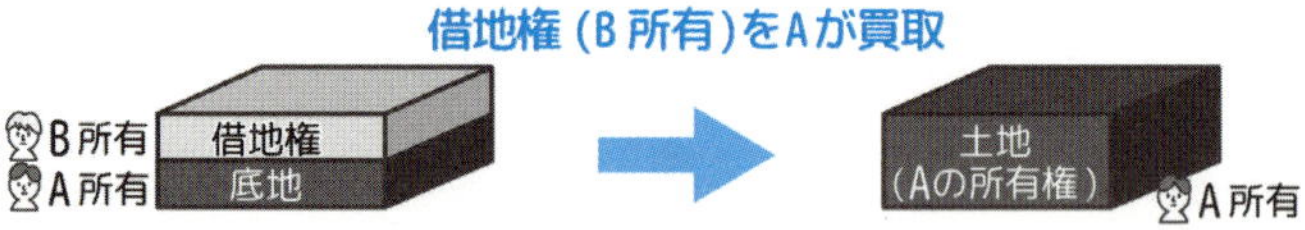

解決策3　借地権等価交換

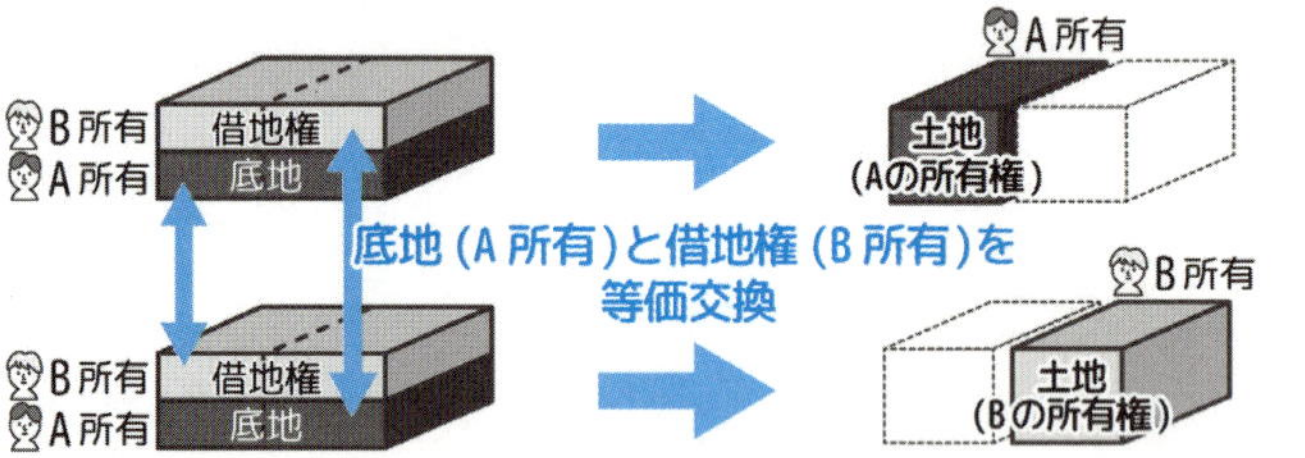

解決策4　借地権者と底地権者が共同で借地権・底地を同時売却する

貸したものが返らないことが当たり前になっていたり、60%もの権利が借地人に移転してしまう契約形態は、今となっては時代錯誤ともいえるのではないでしょうか。

できることなら借地権という関係は解消しておいた方が良いでしょう。

・接道のない土地

現在は建築基準法により、原則2m以上が道路に接していなければ建物を建てることができません。しかし、今でも下町などに共用通路を通って道路に出るようになっている場所などが多く見受けられます。

これらは今建物が建っていたとしても原則として建替えることができないのです。このような土地の問題解決には隣地所有者に買取りを持ちかけたり、または隣地所有者と協力して道路を新設するなどの方法があります。いずれにしても相手のあることなので時間がかかります。早めの対策が必要です。

このような負の財産を一つ一つ洗い出してできるだけ親の代で解決し、少なくとも解決の糸口は作っておくことが重要です。

6 これから、親の財産を引き継ぐ予定の方へ

今はまだ財産がないけれど、実家に土地がある、親御さんがアパート経営をしているといった「いずれ自分のところに回ってくるのだろう」という二代目、三代目不動産保有者様へよくお伝えしておきたいことがあります。

「不労所得が増えるのは嬉しい！」と思っていたり、あるいは親御さんの大変そうな姿を見てきて「引き継ぎたくないな」という複雑な思いを描いている方もいらっしゃるかもしれません。

今はご自身の資産ではないため、なかなか資産活用に関与しきれない部分があるかと思いますが、受け継いでからでは遅いことがほとんどです。引き継ぐことが確実ならば、少しずつ親御さんと資産活用について話し合ったり、アパート経営の協力をしたり、業者さんとの付き合い方を学ぶなど積極的に関わっていく必要があります。

他人事にしていると、結果的には相続するのは「負の資産だけ」ということになりかねません。

会社勤めをされていて、本業で不動産に関わっていない場合は、現状では知識もなく信用できるブレーンがいないことが多いと思いますから、今のうちから積極的に税金や不動産について勉強しておかれることをお勧め致します。

具体的には親御さんの不動産や資産活用に関心を持って、コミュニケーションをとるところから始めましょう。1章のキャッシュフローの試算や入居率の計算を行ってみるのも良いと思います。

ここでご注意頂きたいのは「このままではダメだよ」というような苦言から

介入してはいけないということです。

親御さんも賃貸経営に不安や負担がある中で、育児や仕事に忙しい子供世帯に気遣って、相談を切り出せなかったという事情もあるかもしれません。

本書をはじめ不動産経営や相続税の書籍等を参考に、少しずつ勉強をしながら歩み寄るというのが良いのではないでしょうか。

・引継がないという選択

親御さんの不動産資産を把握した結果、借入が多い上に収益が少ない等、様々な問題を抱えている場合、相続は結果的にマイナスとなります。相続人に残るのは借金の返済だけ、という事態にもなりえます。

このように、あまりにも負の財産が多ければ、あえて相続を受入れないという選択も、これからの時代は増えてくるでしょう。

いわゆる「相続の放棄」がそれにあたります。法律上、相続の放棄は相続の開始から3ヶ月以内に家庭裁判所に申し立てをする必要があります。

それを過ぎてしまうと原則放棄することはできなくなってしまいます。

申告期限が10ヶ月ということを知っている方は多いのですが、この3ヶ月の期限をご存じの方は少なく、あとあと慌てる方もいらっしゃいます。**相続するか放棄するかの決断に3ヶ月は決して長くありません。**

この決断をするためにも、「まだ先のこと」と思わず、事前準備を行うことはとても大切なのです。

コラム

『“お金が貯まる”不動産活用の秘訣』

読者成功事例③

世田谷区　K様

義父が遺した茨城県にある土地を、遠くて管理も大変なので手放したいと思っていました。地元の不動産会社では少し頼りない気がして市萬さんに相談したところ、他の土地とセットで売ることを提案され、結果、高値で売却することができました。

普通に売ることしか頭になかったので、セットで価値を高めて売る方法を知り、非常に感心しました。その後、賃貸マンションの管理もお願いするようになりました。

管理をお願いした賃貸物件は昭和49年築。メンテナンスが行き届かず、賃料は下がる一方で空室もなかなか埋まらず、地元仲介会社の間でも余り評価が良くありませんでした。

市萬さんからは建物の改修をご提案頂き、ターゲットを絞って建物の顔である外装やエントランス周りから徐々に改修を進め、今では原状回復工事中にお申込みが入るほどの人気物件になりました。下がり続けていた賃料も回復して、収入も安定するようになりました。以前は入金確認や管理会社への督促依頼も自分でやっていましたが、今では市萬さんに全てお任せ、精神的にも非常に楽になりました。

市況ニーズを察知し、今のトレンドにあった提案をしてくださるのでありがたいです。「古くなっても満室経営ができる」本に書いてあった事は本当だったと感謝しています。これからもこのままずっとお任せしたいです。

【担当コンサルタントからの一言】

売りにくい土地を道路付を考えて他の土地と合わせて売却、築古賃貸マンションの改修プランニングなど、ご相談を受けて問題を解決しながら、次第に多くの物件をお任せいただけるようになりました。長くお付き合いしていると、我々もその物件のある地域やトレンドに精通し、さらに募集精度があがるという好循環が起こります。

あとがき

本書をお読みいただき、いかがでしたでしょうか。

少子高齢化、税負担増、空室増と不動産をとりまく状況が大きく変わっている現在、不動産保有者様のお悩みを解決していくためには、これまでとは異なる柔軟な発想や将来を予測する力が必要です。

2019年に株式会社市萬は創業20年目を迎えます。現在も創業当初からの理念である「私達が関わるすべての不動産を優良資産に」を胸に、提携先の金融機関などから紹介される不動産のお困りごとを、日々解決させていただいております。

しかし、その中には「もう少し早く相談しておけば、もっとうまくいったのに・・・」と残念な思いをされるお客様に何度も出会ってきました。

だからこそ、これ以上そのような不動産保有者様が増えないように、また「不動産を持たなければ良かった」という思いを抱くことのないように、常に不動産保有者の皆様が幸せになる仕事、世の中が明るくなる仕事を心掛けております。

また、私がこれまでお受けしたご相談の中で感じるのは、不動産に関わる問題の多様さ、そして難しさです。

しかしながら、皆様にお伝えしたいのは「難しい問題を抱えている不動産でも、解決できない問題はない」ということです。

「どこから手を付けたらいいのかわからない」という方も多いのですが、優先順位をつけて一つずつ整理していけば、必ず道は開けます。

不動産に関わる問題には、建築や税務、法務など専門知識が必要な問題が複雑に絡んでいます。これに「人間関係のしがらみ」や「感情のもつれ」、さらに「時間の経過」が加わると、どんどん事態がこじれていってしまいます。

解決の糸口を見つけるためにも、ぜひ私ども専門家にお早めにご相談ください。

なお、本書に記載する税務情報は2019年1月現在のものであることをご了承ください。


最後になりますが、本書でいくつかの実例を紹介させていただきましたお客様には、提案させていただいた対策にご賛同・ご協力いただいていることに感謝しております。

その結果として、当社は多くのノウハウや実績を積み上げることができ、さらに多くの不動産保有者様の資産活用の成功につなげることができております。

皆様にこの場をお借りして御礼申し上げます。

本書が読者の方々の不動産活用の一助になることを願っております。

西島　昭

2019年1月

この線より切り取ってお持ちください ✂

著者略歴

西島　昭（にしじま　あきら）

株式会社市萬 代表取締役
公認不動産コンサルティングマスター、宅地建物取引士、JSHI公認ホームインスペクター
1965年兵庫県生まれ。関西大学工学部卒業後、株式会社リクルートに入社。
1999年、不動産に関する問題解決に特化したコンサルティングを行う株式会社市萬を東京都世田谷区用賀に設立。金融機関からの顧客紹介によるビジネスモデルを築く。
不動産有効活用、貸宅地の権利調整、相続対策、資産・事業の継承、賃貸不動産の運営管理、不動産売買の仲介等など、総合的な不動産コンサルティング事業を展開。
著作として「築20年超えのアパート・マンションを満室にする秘訣」（ごま書房新社）がある。
・株式会社市萬　http://www.ichiman.co.jp　※セミナー・講師依頼もこちらへ

須田　大佑（すだ　だいすけ）

株式会社市萬コンサルティング事業部所属。土地活用プランナー、宅地建物取引士、二級建築士、賃貸不動産経営管理士。

1988年埼玉県生まれ。東京大学工学部建築学科修士課程卒。大手財閥系不動産会社で事業用不動産の経営サポート業務を経験後、株式会社市萬に入社。複数の不動産を保有する資産家の担当として、大手企業で学んだ金融、税務、建築、不動産分野の知識と経験を活かして、資産活用やキャッシュフロー改善業務、相続対策業務を行う。

谷口　盛二（たにぐち　せいじ）

株式会社市萬 パートナー税理士
税理士、宅地建物取引士試験合格、FP技能検定2級、補佐人研修修了。
1972年東京都生まれ。東洋大学卒（東洋大学修士過程修了）。税理士登録後、税理士事務所勤務にて経験を積み、2007年に谷口盛二税理士事務所設立。2013年より株式会社市萬のパートナー税理士となる。特に不動産に関わる資産税を中心とした問題解決を得意としている。
著作として『“お金が貯まる”不動産活用の秘訣』（ごま書房新社）ほか。

新版　“お金が貯まる”不動産活用の秘訣

著　者　西島 昭
　　　　須田 大佑
　　　　谷口 盛二
発行者　池田 雅行
発行所　株式会社 ごま書房新社
〒101-0031
東京都千代田区東神田1-5-5
マルキビル7階
TEL 03-3865-8641（代）
FAX 03-3865-8643
カバーデザイン　堀川 もと恵（@magimo創作所）
編集協力　河西 麻衣
印刷・製本　倉敷印刷株式会社

 ISBN978-4-341-13261-3 C0034

本体1550円+税 四六版 カラー4P、モノクロ 224頁 ISBN978-4-341-08649-7 C0034